D1722110

20 PRINCIPIOS PARA UN ÉXITO INTEGRAL

20 PRINCIPIOS PARA UN ÉXITO INTEGRAL

Descubra los Valores Eternos para una Realización Plena

Martin Luján

XULON PRESS

Xulon Press
2301 Lucien Way #415
Maitland, FL 32751
407.339.4217
www.xulonpress.com

Depósito legal:
Diseño de Portada: María F Molina
Diagramación y Montaje: María Molina
Fotografía: Jhon Castillo

Para invitaciones o conferencias enviar solicitud al siguiente correo:
Mlujan_zu@hotmail.com

Tapa Blanda ISBN-13: 978-1-6322-1010-4
Tapa Dura ISBN-13: 978-1-6322-1011-1
Libro Electronico ISBN-13: 978-1-6322-1012-8

Dedicatoria

A Mary mi Esposa, con todo mi Amor

Tabla de Contenido

Principio 9

Principio 10

Principio 11

Principio 12

Principio 13

Principio 14

Principio 15

Principio 16

Principio 17

Principio 18

Principio 19

Principio 20

Agradecimientos

A María Fernanda mi esposa, mis hijas María Victoria y María Laura, mi Mamá, mis Hermanos, mi Suegra, mi Abuela, mis Amigos, la Familia Paz Castellanos, el Pastor Omar Muñoz, La Pastora Ruth Bracho, el Pastor Luis Rios y todos los que sinceramente han orado por mí.

Los Amo

Introducción

Toda la especie humana, el reino animal, el universo y todo lo que vemos se rige por principios, estos trabajan como equipo para preservar un orden que ya fue preestablecido por el Creador (Dios). La noche sigue al día, a la tormenta le sigue la calma, al invierno la primavera. Todo viene dado con un orden o secuencia. Para el Éxito también existen principios y estos son inquebrantables, insustituibles e inamovibles.

Imagina que tienes la punta de una cadena en la mano y que necesitas atar con ella algo que tienes a cierta distancia, la cadena está formada por eslabones y para llegar al otro extremo donde la quieres atar, necesitas que la cadena tenga el número de eslabones suficientes, fuertes y necesarios para poder hacerlo. Si te falta un solo eslabón te puedes quedar corto, de nada te servirá cualquier esfuerzo, te falta algo, está incompleta y no sirve. Lo que vas a atar si es pesado y grande se te va a ir de las manos.

Dios estableció principios que funcionan de la misma manera, uno tras otro para alcanzar una vida de éxito, realización y buena fortuna en todas las áreas de nuestra vida.

Desarrollamos una vida de éxito cuando realizamos nuestras metas, sueños y anhelos personales más profundos, cuando trabajamos en la tarea que Dios nos encomendó, cuando ponemos a trabajar nuestros dones y talentos para llevar a cabo nuestra misión de vida cualquiera que ésta sea; músico, empresario, pastor, ingeniero, padre, abogado, agricultor, bombero, médico o vendedor. Para disfrutar de una vida de éxito, Dios estableció principios.

Él lo quiso así, y es para nuestro propio beneficio, sabe lo que más nos conviene. Pero muchas veces sucede que lo que el sistema corrompido de este mundo llama Éxito, para Dios es un gran fracaso si se consigue violentando los principios que Él mismo estableció. El éxito para Dios incluye todas las áreas de la vida, la Profesional, Recreacional, Social, Espiritual, Física, Mental e Intelectual. Disfrutar de plenitud en todas esas áreas es lo que llamo ÉXITO INTEGRAL.

Vemos artistas jóvenes que se quitan la vida porque no pueden manejar lo que ellos mismos han considerado como éxito, tienen fama, pero no paz, dinero, pero el corazón roto. Hay deportistas libertinos metidos en escándalos, drogas y quiebras económicas porque no consiguen aquietar su mente y corazón, algún eslabón (principio) en su carrera al éxito fue violentado, y consiguen lo que quieren, pero siguen tan vacíos o peor que antes.

Este libro está escrito para ayudarnos a conseguir lo que queremos en la vida, pero hacerlo a la manera de Dios, respetando sus principios y obedeciéndolos, te aseguro de parte de Dios que, si los respetas y obedeces todos, terminaras en la misma cima del éxito, pero feliz y realizado en todas las áreas de tu vida

Acompáñame vamos a conocer cuáles son esos principios,

Dios, El Éxito Y Sus Principios

"Siempre ten en mente que tu propia resolución de tener éxito es más importante que cualquier otra cosa"
Abraham Lincoln

En todo el Universo la persona más interesada en que tengamos Éxito se llama Jesucristo, nos diseñó física, espiritual y emocionalmente para lograrlo.

Su deseo más grande es vernos triunfantes en la vida, como padres, hijos, esposos y en la labor que Él nos haya encomendado, en 3era de Juan 3:2 dice "Amado, yo deseo que TU seas PROSPERADO EN TODAS LAS COSAS, y que TENGAS SALUD, ASÍ COMO PROSPERA TU ALMA".

Para Dios el Éxito no es tener mucho dinero, aunque le gusta vernos con todas nuestras necesidades suplidas de forma sobreabundante, Él da más de lo que pedimos o entendemos.

No es éxito tampoco que seamos famosos, aunque tenemos por medio de nuestro padre Abraham la promesa de que engrandecería nuestro nombre y seríamos Bendición, tampoco son los deleites de la vida porque muchas veces el éxito para Dios incluye que suframos por causa de Él.

Pero cuando realmente cumplimos su voluntad, lo hacemos porque son sus deseos los que están en nuestro corazón, y Él prometió que concedería las peticiones y anhelos que albergamos allí; es decir, que Dios está extremadamente interesado en tu éxito.

Para Dios el verdadero éxito es integral, genuino, trae paz y regocijo. Se basa en el amor pues cuando lo consigues no le haces daño a otros, y tiene la particularidad de que no es comparable, porque los logros de cada hijo de Dios son únicos e irrepetibles, están ligados a su favor, bendición y ayuda.

> "Intenta no volverte un hombre de éxito, sino volverte un hombre de valor"
> Albert Einstein

El éxito se basa en conseguir tus sueños partiendo de la Fe (confianza) que tienes en Dios y en las habilidades que Él ha depositado en ti, en Hebreos 11 se nombra una gran cantidad de personas que se convirtieron en héroes extraordinarios siendo gente común y ordinaria, personas con defectos como Abraham, Abel, David, Noé, Enoc, Isaac, Jacob, Sara, José, Elías y otros que consiguieron terminar la tarea que Dios les encomendó, pero no a la manera de ellos sino a la del creador.

La definición genuina del Éxito siempre estará cimentada en Dios, si tu sueño es ganar las olimpiadas y consigues hacerlo sin colocar a Dios en el epicentro de tu triunfo, no tienes lo que coloca el equilibrio, la cordura, la paz y la tranquilidad, solo gozarás de una alegría momentánea y cuando esa alegría momentánea pase, la vida se puede convertir en un barril sin fondo al que querrás llenar con otras cosas que solo traerán a tu vida infelicidad y desasosiego.

El mundo está plagado de historias tristes, aún hoy si observas cualquier web o periódico de información deportiva o de farándula y espectáculos te vas a dar cuenta de lo que te digo, divorcios, suicidios, adicciones de todo tipo, perdida de la identidad sexual y una infinidad de problemas, ¿cómo explicas que el mejor futbolista del mundo sea expulsado de un mundial por pasar positiva la prueba de dopaje?, pregúntate ¿qué estaba pasando por su mente?, ¿qué le faltaba? ¿Dinero? ¿Fama? ¿Jugar mejor?, pues lo único que le faltaba era gozar de una vida llena de los principios de Éxito que establece Dios para la vida.

Amigo, Dios está estrechamente ligado al Éxito, somos creados para llevar en alto su nombre, y cuando un hombre se recuerda quien es el responsable de sus logros tiene la victoria interior asegurada, tiene los cimientos de un carácter firme y una paz que sobrepasa todo entendimiento.

Dios lo dispuso así y por más que lo queramos evadir, Dios es el equilibrio del éxito en la vida del hombre. Jesús dijo en Juan 15:5

"El discípulo que se mantiene unido a mí, y con quien yo me mantengo unido, es como una rama que da mucho fruto; pero si uno de ustedes se separa de mí, no podrá hacer nada".

Los principios que Dios establece pueden ser violentados, pero nunca sin sufrir las consecuencias, puedes tener el trofeo en la mano, puedes tener el Grammy, El Oscar de la academia, romper el récord de ventas que te trazaste, tener una gran empresa, conseguir el doctorado que soñaste, llegar al tope de tu carrera y puedes tener ese minuto o quizás oras de gloria, pero sin Jesús vas a volver a tu verdadera realidad.

Necesitas de Dios, en la vida puedes lograr todo pero lo único que el hombre nunca podrá tener a menos que Jesús este a su lado; es Paz, y ese verdadero sentimiento de triunfo y gloria que viene de saber de dónde viene todo el poder y de quien es la gloria.

Jesús sabe lo que es ganar porque Él es ganador por naturaleza, nunca ha fracasado, no conoce esa palabra, no está en su diccionario, podrás encontrar la palabra aprendizaje, pero nunca fracaso. El dueño del universo ha conseguido lograr todo lo que se ha propuesto, Él sí sabe ganar, con frecuencia se escucha la frase y ¿entonces porque se dejó crucificar? Si tenía tanto poder ¿porque lo hizo? La respuesta es sencilla Amigo, para conseguir TU CORAZON.

La muerte de Jesús y su resurrección es la victoria más grande que ha conocido la humanidad, el amor de Dios reflejado en un madero, una muerte voluntaria por darte el perdón. Jesús entró a un país sabiendo que lo iban a matar y eso no lo detuvo, se quitó la corona mostrando el gesto de amor y humildad más grande jamás conocido por el hombre, Él persiguió su meta y la consiguió.

Hasta el sol de hoy su victoria está vigente, solo Él ha dividido la historia, logró el único récord eterno e imbatible que conoce. Su legado continúa les guste a sus detractores o no, Jesús continúa siendo el verdadero campeón de la vida y vamos adelante con su ayuda a aprender los principios de Éxito que el estableció para nuestra vida.

Principio 1

La Honra

"Bienaventurados los que dan sin recordar, y
los que reciben sin olvidar"
María Teresa de Calcuta

Todo gran final tiene un gran comienzo, no
hablo de recursos, hablo de la actitud del corazón. Este
principio es la llave que abre la puerta a la verdadera
grandeza. Según el diccionario honrar significa mostrar
respeto y consideración hacia una persona, realizar una
prueba publica de admiración y estima hacia alguien.

El primer mandamiento bíblico con promesa dice,
"Honra a tu padre y a tu madre, como el Señor tu Dios
te ha mandado, para que tus días sean prolongados
y TE VAYA BIEN EN LA TIERRA QUE EL SEÑOR TU DIOS
TE DA", honrar es hacer sentir bien, mostrar agradec-
imiento, obediencia y respeto. El creador mismo se
compromete con la persona que honra a sus progeni-
tores y mentores.

Cuando hablamos de PADRE, no solo se refiere a nuestro padre físico o progenitor, se refiere también a Dios y a esas personas que son como nuestros padres en lo profesional o espiritual, ellos nos enseñan, nos muestran el camino, Dios se compromete con la persona que honra a quienes lo ayudan a subir a la cima.

Si tomamos el ejemplo del Rey David podemos pensar que lo que lo llevó a su éxito fue lo que se ha dicho por muchas generaciones, que era un gran adorador y Dios se deleitaba cuando le escuchaba tocar el arpa y cantar, pues en algo tuvo que ver pero no del todo; lo más grande que tenía el Rey David y que fue lo que cautivó a Dios fue su gran capacidad para saber honrar, es más; lo que coloca a David en la palestra de la historia, en el momento justo donde iba a pasar de ser un chico desconocido a estar en boca de todo el pueblo, con aquella famosa canción de Saúl hirió a sus miles y David a sus diez miles, fue la honra y obediencia a su papá.

Fue obedeciendo a su papá que David llegó al sitio donde Goliat vociferaba en contra de su Dios y su nación, el irrespeto de Goliat hacia Dios, Israel y hacia sus coterráneos fue lo que provocó la ira que lo llevó a enfrentarse a Goliat. David sabía honrar a su papá, él sabía obedecerle y disfrutaba haciéndolo.

El talento más grande de David podemos decir que era componer, cantar, ser un gran guerrero o pastor de ovejas. Pero la cualidad personal más grande que él tenía era la de obedecer y honrar a su padre mientras cuidaba del legado familiar, él sabía el verdadero significado de la honra, la obediencia y el respeto.

A David le importaba poco la fama o el dinero, era un chico que en la familia era considerado el menor o el más pequeño, no tenía cualidades ni oportunidades para sobresalir, pero respetaba el primer principio que establece Dios para ser una persona de éxito, LA HONRA.

Este Principio permite ser agradecido y valorar desde el inicio, de donde viene y hacia dónde va.

Si leemos los Salmos, más que Adoración es honra a Dios y a su Nación lo que intenta transmitir el Rey David. Honró a su padre toda su vida aún después de muerto, David hizo tan famoso a su padre que se le conocía como el HIJO DE ISAI DE BELEN, sembró honra y luego la cosechó. A JESÚS LE LLAMABAN EL HIJO DE DAVID. Esto tiene una gran connotación espiritual, aunque era el Hijo de Dios Humanamente le llamaron así. Tremendo orgullo sentía Dios el Padre acerca de su Amigo David.

HONRÓ A SU NACIÓN y a su DIOS, quedamos atónitos de los cantos que le compone a Jerusalén y a todo Israel, y con respecto al Señor su lema era NO LE DARÉ NADA AL SEÑOR QUE NO ME CUESTE.

Dios, su padre Isaí, su nación y hasta quien fue su mejor amigo en vida, Jonathan, aún después de muerto fue honrado por el Rey David. El dulce cantor de Israel, como también se le llamaba, aseguraba su final desde su comienzo, su vida de honra devoción y respeto hacia cualquier persona que lo ayudara en su camino y hacia Dios, para él siempre fueron su prioridad.

Dios honra a quienes le honran, Él mismo dijo en Hechos 13:22 hablando acerca del Rey David

"Les puso por rey a David, de quien dio este testimonio: "He encontrado en David, HIJO DE ISAI, un hombre conforme a mi corazón; él realizará todo lo que yo quiero."

Este primer principio pone el sello de compromiso de Dios con el hombre para ir en su ayuda, no puedes tener éxito si no cuidas de honrar quien cuando no podías lograr lo que querías te tomaba de la mano, no puedes tener éxito si hablas mal de tu propio país.

David nunca lo hizo y vivía en un desierto cuidando unas "pocas ovejas", como le decían sus hermanos. La vida y la nación te devuelven la honra que les das porque Dios mismo se encarga de eso, recuerda siempre de dónde vienes y quien te ayudó, ¿quién te tomó de la mano cuando ni caminar podías? David siempre se devolvía a decir GRACIAS y lo hacía muchas veces con un gesto, una palabra o un presente y eso es honrar.

Puedes cantar muy lindo, correr más rápido que todos y hasta puedes ser el mejor en lo que haces. La grandeza empieza con saber honrar desde el principio hasta el final, pregúntaselo al REY DAVID. Si te preguntan de dónde viene lo que tienes o como lo conseguiste, tus logros por pequeños o grandes que sean, alguien te ayudó, di tuve un padre excelente, un maestro magnifico, una madre espectacular, fulano de tal me ayudó, Dios me dio la dicha de conocer a mengano.

Pero nunca olvides de donde viene todo, no te centres en ti mismo, Sé un verdadero campeón, da de gracia lo que de gracia recibiste, se una persona que honra. Dios volteará del cielo y pondrá sus ojos en ti. Recuerda DIOS HONRA LOS QUE LE HONRAN.

Toda honra trae una promesa de Bendición, si honramos a Dios, o a alguien especial con dinero entonces se multiplicará, si honramos nuestros compromisos ganaremos buena fama, si honramos nuestra palabra tendremos credibilidad, si honramos nuestro trabajo o empresa tendremos alimento, si honramos nuestro país este nos mostrará sus tesoros, honrando tendremos la base para todas las bendiciones que Dios tiene preparadas para los que lo hacen.

Cada vez que existe la palabra honra en la biblia, seguidamente viene una bendición. ¿Quieres saber cuál fue el Rey más conocido grande y Famoso de Israel aparte de nuestro Señor Jesús? La respuesta es sencilla, pero engloba una promesa bíblica muy grande, se llama DAVID. No puedes honrar y no ser Bendecido por Dios y Engrandecido.

Recuérdalo siempre, HONRA.

Principio 2

La Humildad

"El secreto de la sabiduría, del poder y del conocimiento es LA HUMILDAD".
Ernest Hemingway

Este principio te mantiene sensato y cerca de Dios, si, así como lo lees. Lo contrario a este principio es el orgullo y la altivez, Dios de la única persona que se mantiene alejado es del orgulloso, Salmo 138:6 **"Tú, Señor, estás en las alturas, pero te dignas atender a los humildes; en cambio, te mantienes alejado de los orgullosos"**.

La persona altiva, soberbia u orgullosa nunca aprende, ni de sus errores, ni de la enseñanza de otros, se torna terca y obstinada. Se golpea mucho por la vida, porque no acepta sus errores, sino que busca achacárselos a otros, sabe tanto que termina desconociendo lo más importante de cada situación, y es que la humildad es lo que te mantiene cerca de la fuente del verdadero conocimiento, nadie quiere ayudar a una persona orgullosa porque simplemente no escucha consejos.

La humildad es la virtud de conocer tus propias limitaciones y capacidades, la capacidad de restarle importancia a los propios logros y virtudes y de reconocer defectos y errores. Viene de la palabra latín "HUMILITAS" lo que significa "pegado a la tierra", impresionante, pero es precisamente eso, tener los pies en la tierra, aunque tus sueños, talentos, dones, logros o virtudes sean tan grandes que podrías tener la cabeza en las estrellas.

La soberbia es la primera responsable de iniciar un pleito con cualquier ser querido, y muchas veces hasta con personas que están interesadas en ayudarte. En Proverbios 28:25 dice **"El altivo de ánimo suscita contiendas; Mas el que confía en Jehová prosperará."**

El Éxito genuino no entra en los parámetros de vida del orgulloso, porque simplemente no puede estar cerca de Dios. Cuando el dinero, el poder, el estatus o la posición que Dios nos permite tener en un momento en nuestra vida se nos suben a la cabeza y nos despegan los pies de la tierra, entonces a partir de ese momento jugamos con el árbitro en contra, todas las jugadas de nuestra vida van a recibir tarjeta roja.

Dios es el dador de los talentos, las capacidades, la fuerza, la inteligencia y hasta el aire que respiramos para poder triunfar, no podemos olvidar eso, se nos pueden olvidar otras cosas, pero eso jamás. Dios ama a las personas agradecidas, bondadosas y humildes, siempre cuida de ellas.

Ser una persona afable que puede entender que de los niños se aprende y que todo en la vida tiene el don de maestro, siempre llegará una milla más lejos. Dice la palabra que Jesús siendo Rey, Creador, Amo, Dueño y Señor de toda la creación, no se aferró a la corona, los privilegios, el poder, el dinero ni nada de lo que implicaba lo que su nombre representaba. Él se hizo como tú y yo. Y se sujetó a limitaciones, padecimientos, correcciones, angustias, vejámenes y a todo lo que significaba nacer y crecer en esta tierra.

Sin embargo; nunca hubo un solo acto de acción o de omisión que dieran indicios de orgullo en su corazón, inclusive, los niños siempre se le acercaban, amaban estar con Él, su personalidad era atrayente porque era dócil con la gente sin dejar de mostrar un carácter firme y decidido, nunca hizo exhibiciones de su poder sino era con el objeto de hacer algún bien a sus semejantes.

"Si no levantas los ojos creerás que eres el
punto más alto"
Antonio Porchia

Jesús debe ser el modelo a seguir, dándole gracias siempre por todo lo que nos rodea, lo que tenemos y lo que aún no; eso mantiene nuestro corazón saludable y cerca de Dios, pero darle gracias por lo que otros tienen y que nosotros también estamos luchando por tener, y orar por ellos sin envidias ni celos, es un éxtasis de gloria para el Creador. Porque esa es la actitud de alguien sano emocionalmente, eso solo lo hacen los que son campeones de verdad.

Dios nos puede ayudar a desarrollar este principio en nuestras vidas, al igual que Moisés el gran líder que Dios usó para liberar a su pueblo Israel. Él nunca permitió que el poder y la autoridad se le subieran a la cabeza, se mantuvo dependiendo de Dios toda su vida. Desarrolló el liderazgo de otros como Josué y Caleb sabiendo que lo que Dios le había dado era con el propósito de servir a la humanidad no de endiosarse a sí mismo.

¿Cuántos líderes inescrupulosos ha habido en la historia de la humanidad que por orgullo, codicia y poder llevan a sus países a la ruina?, con el único propósito de aferrarse tercamente a una ideología o dogma político y económico. Se aferran ciegamente a sus ideas y pasan décadas sembrando miseria por puro orgullo personal.

Dios está totalmente en contra de este tipo de actitudes en gobernantes, para Dios el propósito del poder es servir, nunca ser servido. El mayor y más grande es el que más sirve lo dijo el mismo Jesucristo. No hay tal cosa como un caudillo por gusto, se gobierna para servir a los ciudadanos, los gobernantes sirven al pueblo porque para eso se les paga, no al revés.

Es muy importante, que nos propongamos ser buenos discípulos de Dios toda la vida, porque esto permite ser un buen maestro. La humildad para aprender, ser corregido, escuchar y compartir lo aprendido siempre le abren la puerta al conocimiento y las nuevas ideas.

Un verdadero líder siempre es un gran discípulo de alguien, no hay tal cosa como andar por la vida sin deberle nada a nadie, siempre le vamos a deber algo a alguien, un favor, una idea, una palabra de aliento, una corrección, una dadiva o lo que sea, eso lo dispuso Dios para mantener nuestro corazón agradecido, y eso es lo que da el verdadero empujón para crecer, te hace sencillo, accesible y te ayuda a aprender rápido.

En el momento que se te suben los humos a la cabeza el que más pierde eres tú mismo, tu organización, equipo, iglesia, familia o empresa; pierdes velocidad y tiempo en tu recorrido hacia tus metas, una individualidad por orgullo en un mal momento hace perder un campeonato, si el coach dice: te toca base por bolas y bateas jonrón, puede que te salga bien pero para tu entrenador no eres de confianza, porque no te sujetaste a lo que él te dijo.

"Quiero vivir y morir en el ejército de los humildes, uniendo mis oraciones a las suyas, con la santa libertad del inocente"
Miguel de Unanomo

Cuando no respetas a tus autoridades, no vas a tener tampoco respeto en el momento que lo demandes, el capitán del equipo es el primero en sujetarse al director técnico, el gerente debe ser el primero en obedecer al dueño, el maestro se sujeta al director de escuela, el pastor se sujeta al obispo y el presidente debe sujetarse al poder legislativo que lo controla y éste a su constitución.

Dios odia la rebeldía y le produce náuseas, porque la rebeldía a cualquier autoridad de esta tierra es un irrespeto directo al que la constituyó que es Dios mismo. Dice en la Biblia en Romanos 13:1

"Sométase toda persona a las autoridades superiores, porque no hay autoridad que no provenga de Dios, y las que hay, por Dios han sido establecidas".

Otro aspecto importante de este principio es que mantiene viva en ti esa hermosa virtud que tienen los niños, que es la capacidad de asombrarse por las cosas pequeñas de la vida y el poder para perdonar. La persona humilde de corazón sabe que al igual que él, sus semejantes están sujetos a cometer errores y por esa forma de pensar no tienen dificultad para perdonar.

Le es fácil mantener su corazón limpio, escuchar y reflexionar para enmendar errores, por eso esta virtud es tan necesaria para nuestro éxito.

Con frecuencia las personas se aferran a recuerdos y a ofensas que lo único que logran es mantener la mente cautiva, provocando esto una tranca en sus vidas que cada día que pasa les detiene más en su ascenso. Jesús dijo en una oportunidad que debemos aceptar el reino de Dios como niños, Él se refería a la capacidad servir, de perdonarnos unos a otros y a la humildad para creer todo lo que nuestro padre amado nos dice.

Los niños no cuestionan, si su padre le dice es negro, pues para el niño es negro y se aferra a esa idea con una inocencia y humildad impresionante, eso les hace ser felices, cuando un niño discute con otro, al rato lo vez jugando sin recordarse que fue lo que pasó.

Oremos que Dios nos dé esa capacidad de creer a su palabra y aferrarnos a nuestra fe para conquistar todos nuestros sueños y perdonar siempre las ofensas que otros nos hacen.

Podemos desarrollar humildad en nuestras vidas si le mostramos a Dios nuestras debilidades, si reconocemos nuestra necesidad de Él. Necesitamos poner nuestros pies en la tierra, no somos más que los demás, podemos ser mejores en algún talento, pero seguimos siendo tan humanos como siempre, porque para el creador todos somos iguales, cumplimos diferentes funciones, pero somos iguales porque necesitamos de otros para poder triunfar.

El ingeniero de la obra necesita al obrero y el capitán del equipo necesita al defensa y todo el equipo necesita de la mascota, no somos superiores a otros solo cumplimos diferentes funciones en la vida. El empresario necesita al vendedor y el medico necesita a la enfermera y ésta al camillero, todos nos necesitamos mutuamente.

Recuérdalo siempre, EN EL JUEGO DE LA VIDA SOLO DIOS ES INDISPENSABLE, CUANDO TE SIENTAS DEMASIADO GRANDE, RECUERDA QUE EL MÁS GRANDE DE TODOS (JESÚS), SE HIZO TAN INSIGNIFICANTE COMO TÚ, PARA GANARSE TU CORAZÓN.

Principio 3

La Sabiduría

"Los sabios son los que buscan la sabiduría;
los necios piensan ya haberla encontrado"
Napoleón I

La sabiduría proviene de Dios, es un regalo que el otorga a quienes la anhelan, y es tan importante que antes de hacer la creación, primero hizo la sabiduría. La majestuosidad de la creación es producto de Dios y su infinita sabiduría. En el libro de Eclesiastés capítulo 1 Salomón escribe:

"Lo que Realmente importa es que cada día seas más sabio y que aumentes tus conocimientos, aunque tengas que vender todo lo que poseas 2. Sólo Dios puede darnos sabiduría, porque sólo Él la tiene. Sólo Dios puede contar la arena del mar, las gotas de lluvia y la eternidad del tiempo. 3. Sólo Dios puede medir la altura del cielo, la anchura de la tierra y la profundidad del mar. 4. Antes de crear todas las cosas, Dios creó la sabiduría. 5. Las enseñanzas de Dios son la

fuente de la sabiduría, y ella nos enseña a obedecer sus mandamientos eternos. 6. Sólo Dios es capaz de comprender todos los secretos de la sabiduría. 7. Nadie más puede dar a conocer todo el conocimiento que ella tiene. 8. Sólo Dios es sabio; sólo él merece el mayor respeto, Pues es nuestro gran Rey. 9. Fue Dios quien creó la sabiduría. Con mucho cuidado la midió y llenó con ella todas sus obras. 10. Dios ha dado sabiduría a todos los seres humanos, pero los que lo aman reciben aún más sabiduría."

La Sabiduría es la capacidad de actuar y escoger con sensatez, prudencia y respeto, la Biblia también declara que "el principio de la sabiduría es el temor del Señor", es decir; respetar y tomar en cuenta a Dios en cada aspecto de tu vida (economía, salud, relaciones, familia, sexualidad y hasta en lo comunitario). El temor (respeto) a Dios es la fuente de máxima sabiduría a que puede aspirar el hombre.

El respeto a Dios capacita al hombre para vivir en santidad, justicia y verdad. Lo más sobresaliente de este principio es que mantiene tu vida en orden y alejada de problemas por falta de cordura. Hay muchas historias de hombres que han conseguido mucho éxito profesional, pero por un momento sin sabiduría se derrumban como un gran castillo de naipes. Para dirigir tu vida necesitas sabiduría (respeto a Dios y a sus valores).

No es sabia la persona que tiene muchos conocimientos, sino la persona que los sabe utilizar de manera positiva para sí mismo y para sus semejantes.

Cuando una persona se siente mal en algún aspecto, recurre a algún amigo o conocido que considera sabio solicitando su consejo, las personas sabias se convierten en un imán para sus semejantes, todos queremos tener ese amigo que puede darnos un consejo de parte de Dios para una situación en específico.

"Sacar provecho de un buen consejo, exige
más sabiduría que darlo"
John Churton Collins

La persona sabia tiene conocimiento sobre lo que verdaderamente importa en la vida, y sabe cómo planificar y conseguir tener una vida con significado. Sabe dar palabras sabias para resolver importantes dilemas o conflictos. Además, tiene la flexibilidad suficiente como para saber que lo que es una respuesta sabia en una situación puede que no lo sea en otro contexto diferente.

Hay dos tipos de sabiduría, la que proviene de Dios y la humana que proviene del pecado, la primera es producida por el Espíritu Santo, y capacita a la persona para respetar los parámetros de Dios y a su palabra, trayendo obediencia y sumisión a sus leyes para la vida. El otro tipo de sabiduría es el que hace que hagamos las cosas alejados en contra de la opinión de Dios. Esta última es donde se inician los grandes problemas del hombre.

Por ejemplo, el hombre que adquiere habilidades para serle infiel a su esposa; ese discernimiento para "saber engañar" proviene de una sabiduría que no emana de Dios sino de una vida pecaminosa, o también el estafador que se perfecciona en su labor y desarrolla un sexto sentido para saber cómo engañar perfectamente a su prójimo.

Es muy fácil diferenciar en qué tipo de sabiduría el hombre actúa en algún momento dado, todo lo que honre a Dios y respete al prójimo viene de arriba de lo alto. Todo lo que deshonra a Dios y trae tristeza o dolor al prójimo, aun trayendo "beneficios propios" viene dado por la sabiduría humana.

Dios da sabiduría para todo lo que tú necesites, puedes ser rico en dinero, relaciones y salud si decides ser sabio para Dios. Dice la biblia en Deuteronomio 8:18 **"Acuérdate de Jehová tu Dios que te da el poder para hacer las riquezas"**

La sabiduría de Dios es poder para la vida; sin esa sabiduría, la vida es escabrosa. Nuestra sabiduría humana nos puede llevar a meternos en muchos problemas. El hijo del rey David, cuando fue a asumir el reinado que heredó de su padre, lo único que pidió fue SABIDURIA para llevar a cabo un buen gobierno, y la respuesta de Dios fue contundente en 2da de Crónicas 1:11 Dios le dice

"Entonces Dios le respondió a Salomón: Lo normal hubiera sido que me pidieras mucho dinero, poder y fama; o que te permitiera vivir por muchos años y

destruyera a todos tus enemigos. **Sin embargo, has pedido sabiduría e inteligencia para reinar sobre mi pueblo. 12 POR ESO, TE CONCEDO TU DESEO, Y ADEMÁS TE HARÉ EL REY MÁS RICO, PODEROSO Y FAMOSO QUE HAYA EXISTIDO. NADIE PODRÁ IGUALARTE JAMÁS"**

Wow Dios ama cuando le pedimos sabiduría con un corazón sincero, porque cuando pedimos su sabiduría reconocemos nuestra dependencia de Él en todas nuestras decisiones. Amar a Dios y respetarle es ser sabio, porque nunca tomarás decisiones contra ti mismo o contra tu prójimo, siempre te conducirás a lo mejor de Dios.

La Sabiduría te guiará en tus asuntos de dinero, te hará un buen administrador, no entrarás en deudas y dolores de cabeza innecesarios, porque la sabiduría no nos permite contraer excesivas obligaciones financieras con nuestro dinero, sino que nos dice que necesitamos tomar tiempo y esperar en Dios hasta que tengamos paz con respecto a qué hacer y qué no. Eso es sabiduría, la paz y la seguridad de saber qué hacemos las cosas con el respaldo de Dios.

La sabiduría nos guía a decir no a cosas sin importancia, a priorizar mejor nuestro tiempo, a darle valor a lo realmente necesario para nuestro propio crecimiento y el de nuestros semejantes. Nuestra vida es el reflejo de cuan sabios hemos sido en nuestras decisiones. Nuestro matrimonio, trabajo, relaciones y como las disfrutamos, dice mucho de las decisiones que hemos tomado en nuestras vidas.

Muchas veces no estamos satisfechos con nuestra propia vida, y lo único que necesitamos es pedir de Dios la sabiduría para estar mejor y pensar mejor. Dios no es egoísta y nos ama demasiado, recuerda a Salomón, pidió sabiduría y encontró todo lo demás. Si quieres pedirle a Dios algo grande no le pidas dinero, fama o buenas amistades; pídele la sabiduría para usar tus recursos, habilidades y vida de forma sana.

Muchos negocios, iglesias e instituciones que son heredadas van a la quiebra en tiempo récord porque la persona encargada no obra con sabiduría. La sabiduría es vital, es un principio clave. Es la llave que le abre la puerta a la paz y a las buenas decisiones.

La sabiduría la conseguimos comunicándonos con Dios, leyendo su palabra, juntándonos con personas respetuosas de Dios y sabias. Donde hay sabiduría abundan las bendiciones de Dios. La biblia dice en Santiago 1:5

"Si alguno de vosotros tiene falta de sabiduría, pídala a Dios, el cual da a todos abundantemente y sin reproche, y le será dada"

Dios es Dios de abundancia, cuando le pedimos sabiduría, ÉL nos da mucha para que la podamos compartir y ser de bendición para otros.

La grandeza está íntimamente ligada a la sabiduría, y para ser sabios de verdad; debemos procurar el contacto con la palabra de Dios y sus consejos, el proverbista dice en Proverbios 4:4-27

"Mi padre me dio este consejo: Grábate bien lo que te digo, y haz lo que te mando; así tendrás larga vida. 5 Hazte cada vez más sabio y entendido; nunca olvides mis enseñanzas. ¡Jamás te apartes de ellas! 6 Si amas a la sabiduría y nunca la abandonas, ella te cuidará y te protegerá. 7 Lo que realmente importa es que cada día seas más sabio y que aumentes tus conocimientos, aunque tengas que vender todo lo que poseas. 8 Valoriza el conocimiento, y tu vida tendrá más valor; si haces tuyo el conocimiento, todos te tratarán con respeto, 9 y quedarán admirados de tu gran sabiduría. 10» Escúchame, jovencito: hazme caso y vivirás muchos años. 11 Yo, como maestro, te enseño a vivir sabiamente y a siempre hacer el bien. 12 Vayas rápido o despacio, no tendrás ningún problema para alcanzar el éxito. 13 Acepta mis enseñanzas y no te apartes de ellas; cuídalas mucho, que de ellas depende tu vida. 14 No te juntes con gente malvada ni sigas su mal ejemplo. 15 ¡Aléjate de su compañía! ¡Aléjate, y sigue adelante! 16 Esa gente no duerme hasta que hace algo malo; ¡no descansa hasta destruir a alguien! 17 En vez de comer, se satisface cometiendo maldades; en vez de beber, festeja la violencia que comete. 18» La vida de los hombres buenos brilla como la luz de la mañana: va siendo más y más brillante, hasta que alcanza todo su esplendor. 19 La vida de los malvados es todo lo contrario: es como una gran oscuridad donde no saben ni en qué tropiezan. 20» Querido jovencito, escucha bien lo que te digo. 21 Grábate bien mis enseñanzas, y no te apartes de ellas, 22 pues son una fuente de vida para quienes las encuentran; son el remedio para una vida mejor. 23 Y sobre todas las cosas, cuida tu mente, porque ella es la fuente de la vida. 24 No te rebajes diciendo palabras malas e indecentes. 25 Pon siempre tu mirada en lo que está por venir. 26 Corrige tu conducta, afirma todas tus acciones. 27 Por nada de este mundo dejes de hacer el bien; ¡apártate de la maldad"

Nuestro Padre Eterno está muy interesado en nuestra sabiduría, Él sabe que si somos sabios, tendremos el éxito asegurado porque sabremos qué hacer y a quien acudir. Podremos controlar nuestros impulsos y también mantenernos callados cuando sea necesario; lo cual también es muy importante en el camino al éxito, aceptar las correcciones, escuchar y opinar con la actitud correcta.

Muchos problemas nos ahorramos con este principio, porque la sabiduría nos libra de guerras innecesarias porque vemos el panorama más amplio descubriendo si en verdad vale la pena tener algún pleito con otro.

Recuerda EL COMPORTAMIENTO DE UNA PERSONA SABIA LO PREDESTINA PARA EL ÉXITO, SABER ACTUAR Y PENSAR DE FORMA QUE AGRADE A DIOS LO ÚNICO QUE TRAE A NUESTRAS VIDAS SON RECOMPENSAS.

Principio 4

Trabajo Esfuerzo

"El tamaño de tu éxito será el tamaño de
tu esfuerzo"
Francisco de Miranda

En el camino al Éxito solo hay un atajo y ese es
el trabajo inteligente y constante. Dios Bendice las
manos que trabajan, y si esas manos trabajan en lo que
realmente disfrutan y para lo que realmente fueron
diseñadas; entonces el compromiso del creador va por
partida doble.

Hay muchas opiniones con respecto a este tema y
su relación con el dinero, se trabaja con tus talentos y
el dinero nunca debe ser el fin, es solo la consecuencia.

"Escoge un trabajo que te guste y no traba-
jaras un solo día de tu vida"
Confucio

Henry Ford se esforzó en su taller, pasó años haciendo ensayos con sus motores y el resultado todos lo sabemos, cambió la historia, introdujo el automóvil en nuestra era moderna, todos los autos, carreteras y autopistas del mundo son un ejemplo de lo que una idea llevada a cabo con un trabajo constante puede hacer.

El sueño y el logro de Henry se convirtieron en el sueño de todos, todos queremos un auto y lo necesitamos para transportarnos. Henry hizo de su idea una necesidad para el mundo, amaba con pasión lo que hacía y trabajaba en ello noche y día, eso le trajo como resultado millones de dólares.

El esfuerzo y el trabajo disciplinado fueron la antesala a su éxito, cada día, hora, minuto y segundo que pasó en su taller fue recompensado con creces. Dios ama y bendice las manos que trabajan, todos no estamos llamados a ser multimillonarios; si fuese así entonces el mundo se privara de hombres y mujeres como Martin Luther King, la Madre teresa de Calcuta, Mahatma Gandhi y otros más que le han dado mucho a la humanidad con un trabajo firme pero desinteresado del dinero.

Tú y yo nacimos para hacer algo especial con nuestras manos, con nuestra mente, con nuestro cuerpo y debemos averiguar qué es y enfocarnos en trabajar en ello.

El trabajo causa rechazo cuando no hacemos lo que amamos, pero eso no es culpa del trabajo en sí, sino de nuestras circunstancias momentáneas, de nuestro carácter y de nuestras decisiones.

Para Dios es sumamente importante que nos esforcemos siempre en lo que hacemos, que vayamos una milla más en nuestra forma de hacer las cosas.

Cuando falleció Moisés el gran líder del pueblo de Israel, Dios a su sucesor Josué le exigió en reiteradas oportunidades que se esforzara y que fuese valiente, para Dios esa es nuestra parte y el resto lo pone él.

Cuando una frase en la palabra de Dios se repite 3 veces u ocurre 3 veces, es un evento o un mandato muy relevante para la vida de la persona con la que Dios está tratando, y leemos en las escrituras que Dios a Josué en 3 oportunidades le dice las mismas instrucciones en Josué 1:6-7,9 "ESFUÉRZATE y se valiente; porque tú repartirás a este pueblo por heredad la tierra de la cual juré a sus padres que la daría a ellos, 7 SOLAMENTE ESFUÉRZATE y sé muy valiente, para cuidar de hacer conforme a toda la ley que mi siervo Moisés te mandó; no te apartes de ella ni a diestra ni a siniestra, para que seas prosperado en todas las cosas que emprendas. Y el 9 Mira que te mando que TE ESFUERCES y seas valiente; no temas ni desmayes, porque Jehová tu Dios estará contigo en dondequiera que vayas"

Debemos ser esforzados en todo, ponerle empeño y corazón porque para Dios el trabajo y el esfuerzo es bendición y es el fundamento para ver cumplidas sus promesas en nuestra vida.

"Mi vida fue hermosa, porque fue esencial-
mente un esfuerzo fructífero y un trabajo útil"
Werner Von Siemens

La única forma de recibir bendición es trabajando, Dios no bendice la gente ociosa, le encanta la gente ocupada y esforzada.

Otro ejemplo lo tenemos en Gedeón, el otro gran líder Hebreo a quien Dios le vio trabajando y lo escogió llamándole esforzado y valiente. La valentía es otro principio que tocaremos más adelante. Dios en su esencia es trabajador, cuando hizo la creación trabajó 6 días y descanso al séptimo; Él nos hizo parecidos a Él por eso mientras hacemos algo que nos gusta somos tan felices.

La gente de éxito y que ama lo que hace, las horas le parecen segundos cuando lo que hacen les gusta de verdad. Los futbolistas pasan horas y horas practicando un tiro libre, los basquetbolistas también lo hacen, científicos en sus laboratorios también son un gran ejemplo de esto.

Aunque parezca increíble, el inventor más prolífico de la historia, creador de aparatos como la bombilla, el fonógrafo y el proyector de películas, sólo pudo ir a la escuela durante tres meses, pero su virtud más grande era que amaba trabajar y era muy esforzado.

El joven Thomas Alva Edison nacido en Milán, tuvo por necesidad que vender periódicos a la edad de 12 años para contribuir a la precaria economía familiar.

Inquieto como era, dedicó su tiempo libre a experimentar con aparatos mecánicos y eléctricos.

Fue becado con un curso de telegrafía porque salvó la vida al hijo de un jefe de estación, y en 1863 desarrolló su primer invento, un equipo telegráfico simplificado, y lo pudo hacer mientras trabajaba de telegrafista en el ferrocarril. Perdió su empleo por incendiar un vagón durante un experimento, pero Edison no se rindió y con el dinero que ganó vendiendo aparatos telegráficos montó su propio laboratorio. En 1869 patentó el registrador eléctrico de votos, así como un indicador de variaciones bursátiles. A estos ingenios le siguieron el fonógrafo, el tocadiscos, y los fusibles de plomo.

En 1879 logra la lámpara incandescente y hace la primera instalación eléctrica de iluminación: 115 bombillas en el vapor Columbia. En 1881 crea la primera central de luz y energía del mundo, con redes subterráneas para transmitir la corriente eléctrica. Dos años después patenta el kinetógrafo, una cámara para 17 metros de cinta, y el kinescopio, un equipo ocular individual para ver imágenes sucesivas. Por fin, en 1896, logra el cinetófono. La mente y el corazón de esta leyenda norteamericana sólo descansó el día de su muerte en 1931.

No existe Éxito sin trabajo, la mayoría de las personas que han conseguido fortuna con la suerte de ganarse un ticket de lotería, al poco tiempo tienen una situación económica peor que antes de haber conseguido la riqueza.

El trabajo dignifica la vida de la persona, le hace sentir valioso y útil. En culturas como la japonesa, el trabajo se percibe como un esfuerzo en busca del bien común.

Al trabajar, los objetivos son colectivos, no individuales, es decir que no ven su tarea como un medio para recibir salario, sino como una forma de contribuir al desarrollo de su pueblo. Esa forma de pensar los ha llevado a ser una nación poderosa y próspera.

El punto de vista de Dios es muy similar, porque siempre nos ha enseñado que nuestro esfuerzo debe servir para que otros crezcan, ya que nadie con objetivos egoístas será bendecido. Las empresas que ven a sus clientes como una prioridad, y los atienden con gracia, responsabilidad y respeto, son las que crecen y tienen éxito, por el contrario, las que tienen el mezquino objetivo de enriquecerse, tarde o temprano, se ven disminuidas.

Recibirás bendición cuando comprendas el verdadero valor del trabajo. En ese momento, Dios te dará más trabajo y podrás aprovecharlo buscando el bien común.

Ante el trabajo, podemos tener una actitud de esclavo que solamente labora para recibir comida, no se esfuerza porque todo lo que produce es para su amo quien debe supervisarlo constantemente.

Esa actitud la tienen quienes no ven su trabajo como una oportunidad de crecimiento personal y comunitario, ven a su jefe como un explotador que se provecha de ellos y trabajan solamente cuando alguien se los exige, buscando siempre la forma de evadir responsabilidad.

La actitud contraria es la del trabajador legítimo que está convencido de hacer aquello para lo cual fue llamado, quien hace las cosas con pasión porque se realiza al ver que beneficia a otros y el Señor lo bendice.

"Nuestra recompensa se encuentra en el esfuerzo y no en el resultado. Un esfuerzo total es una victoria completa"
Mahatma Gandhi

José el gobernador de Egipto, era esclavo antes de ser gobernador, pero trabajaba con actitud esforzada, por eso fue puesto como administrador, primero en casa de Potifar, luego en la cárcel y finalmente, ¡a cargo de todo Egipto! Si hubiera trabajado con actitud de esclavo, seguramente llega a viejo sirviendo a su amo, en medio de la pobreza. Todos trabajamos, la diferencia es con qué actitud lo hacemos.

El esclavo obtiene frustración, pero el buen trabajador obtiene satisfacción. Si te quejas por todo y ves que no avanzas, vives tus días como un esclavo, tal vez no te estás dedicando a tu llamado y no estás cumpliendo el propósito que Dios tiene para ti.

Procura tener una actitud de trabajador legítimo y comprometido, porque la Bendición de Dios se hace palpable con más trabajo que requiere esfuerzo y a la vez produce gozo. Haz tu parte y Dios hará la Suya.

Hay trabajos que no son bien vistos por la sociedad, pero todos en general son una oportunidad. El recoger basura, por ejemplo, es uno de los trabajos más desagradables que hay, sin embargo, ahora es una industria próspera porque el reciclaje ya no es una opción, sino una urgencia.

Muchas empresas de reciclaje están surgiendo y sus propietarios se están haciendo multimillonarios haciéndole un gran servicio a la humanidad. Gózate en tu trabajo y hazlo bien.

Prepárate, busca la excelencia en lo que haces y verás cómo poco a poco tu actitud y futuro cambian. No puedes decir que no te gusta tu trabajo si lo haces mal y con desgano. Para ver buenos resultados, debes buscarlos con esfuerzo.

Las estadísticas muestran que mientras más joven es una persona menos le gusta lo que hace porque está aprendiendo y descubriendo su vocación. Conforme el tiempo pasa y gana experiencia, encuentra aquella profesión que le apasiona, y al madurar alcanza el éxito que no se mide con la cantidad de dinero que gana sino con el nivel de realización que logra.

Dedicarte a algo que te brinde satisfacciones personales es la forma de echar a andar el círculo de bendición. Un salario nunca pagará tu felicidad y realización personal. Conozco personas que ganan mucho dinero en un trabajo, pero no aguantan mucho tiempo porque no están haciendo lo que les gusta y se frustran al trabajar por necesidad y no por satisfacción.

El mejor trabajo es aquel que hacemos motivados y donde el pago es un regalo extra.

Realízate en lo que haces, esa es tu parte, la parte de Dios, es bendecirte y lo hará si eres un trabajador legítimo, no un esclavo. El Señor puede hacer que te goces, aunque el trabajo sea difícil, también te dará riquezas y honra, esa es su promesa. Agrada al Señor con tu trabajo, asume una actitud de servicio y verás que las cosas mejorarán. La naturaleza dejará de funcionar en tu contra y todas las cosas obrarán para tu bien. Tus labores no serán una carga sino un placer.

RECUERDA, Trabaja y Esfuérzate

Principio 5

La Valentía, El Tomar Riesgos.

"Aprendí que el coraje no es la ausencia de miedo, sino el triunfo sobre él. El hombre valiente no es aquel que no siente miedo, sino el que conquista ese miedo"
Nelson Mandela

Quien no arriesga no gana, y para arriesgar hay que ser valiente, sencillo, pero es la realidad. Para obtener algo valedero casi siempre se sacrificará otra cosa.

La valentía consiste en enfrentar tus miedos con fe; todas las estatuas y los honores son para los valientes. Es común que tengamos miedos, todos los tenemos; inclusive son hasta necesarios para mantenernos dependientes de Dios.

El problema está cuando el miedo que sientes te paraliza, o hace que rehúses a luchar por algo que quieres por miedo a perder.

Este principio marca la diferencia, muchas veces es el más valiente y no el más preparado el que se lleva el triunfo.

Todos admiramos las personas valientes porque nos inspiran, son dignos de imitar. La valentía es el hábito constante y continuo de superar tus temores, mientras que la cobardía es el hábito constante de dejarte vencer por ellos.

Un acto de valentía levanta el ánimo de una nación entera. La historia de las Américas dominada por los imperios Españoles y Británicos son una muestra de ello, aunque con menos recursos, conocimientos militares, experiencia y muchas otras cosas más, gracias a que hubo líderes valientes y arriesgados como George Washington y Simón Bolívar, hoy día nuestro continente disfruta de países y ciudadanos libres.

"Lo único a temer es el miedo en sí mismo"
Franklin D Roosevelt

La valentía es necesaria para conseguir metas. Los temores frenan mucho el avance en cualquier proyecto, incluso obstaculizan el primer intento. Sólo los valientes se lanzan en busca de objetivos a pesar de los obstáculos previsibles o imaginarios. Quien se fija demasiado en las dificultades se queda sin el tesoro, por miedo al esfuerzo, al cansancio, al fracaso... Hace falta algo de valentía para intentar superar dificultades y por eso este principio es tan importante.

Cuando observamos la historia del Rey David el episodio frente al gigante Goliat, una vez más podemos aprender de él, en el capítulo 17 de Primera de Samuel 17 dice que su padre le envió al campamento de batalla donde estaban sus hermanos para llevarles comida, sin embargo; cuando David llega escucha palabras de maldición y una serie de improperios contra los soldados, la nación de Israel y contra Dios.

Por la mente de David podía haber pasado cualquier tipo de pensamientos, el mismo gigante que escuchaban y observaban todas las personas en el campamento, era el mismo que veía David, pero él reaccionó diferente. En su mente no estaba el convertirse en héroe; lo único que hizo fue aprovechar una oportunidad que los otros soldados no se atrevieron a tomar.

Las oportunidades muchas veces te llegan cuando menos las esperas y si no estás listo, pasarán de largo. Eso que otros vieron en David ese día, siempre había estado en él, era el hábito de ser valiente. De poner su confianza en Dios, en su palabra, en sus dones y lanzarse.

David podía ser todo lo que decían de él, la gente lo llamaba y aún su propio padre "el menor" y sus hermanos lo llamaban el cuidador de "unas pocas ovejas", el malicioso y hasta el entrometido; pero lo cierto es que David era MUY VALIENTE. Nunca se amilanó ante Goliat.

En la vida, la valentía te separa de los demás, del común. Las personas valientes son las que sobresalen en la universidad, la empresa, la sala de reuniones, iglesia, equipo o donde sea que se desenvuelvan en la vida. Esos jugadores que se animan a levantar a su equipo a ir contra las más grandes vicisitudes y circunstancias siempre son separados del resto, la vida actúa así.

Cuando tengas una idea o un proyecto no digas, no tengo los recursos económicos, porque el capital persigue a la valentía, la idea siempre viene antes que las estrategias.

No permitas que tus circunstancias te intimiden, si Walt Disney hubiese prestado mucha atención a sus circunstancias hoy no tendríamos la empresa que le ha dado más alegrías y sonrisas a los niños de la era moderna.

Detrás de la magia de las pantallas y en los parques de atracciones estaba la valentía de un hombre que no olvidó nunca la suerte que había tenido, ya que estuvo a punto de quebrar cuando se le ocurrió crear el ratón Mickey, una caricatura basada en un animal que no entraba en los gustos de la mayoría de las personas, la gente miraba con ternura perritos, conejitos y otros animales, pero los ratones lo único que provocaban era miedo, asco y emociones negativas.

Walt fue muy original y arriesgado al escoger a un ratón, Dios acude en ayuda de quien con fe en su talento y en Él se lanza a la acción para realizar sus sueños.

"No hay hombre tan cobarde a quien el amor
no haga valiente y transforme en héroe"
Platón

Dios sabe que cada paso es un reto y por eso te envía las oportunidades, los hermanos del Rey David y quizás los compañeros de trabajo de Walt Disney solo veían gigantes, mientras ellos solo observaban la oportunidad de ser valientes y arriesgados.

Si tener éxito no requiriera de valentía, el camino estuviese congestionado de gente. Si la forma de lograr algo fuera sencilla, muchos ya lo habrían conseguido.

El futuro pertenece a aquellos que tienen la valentía de aguantar y seguir cuando los obstáculos parecen demasiado grandes, si enfrentas alguna situación que te pareciese demasiado difícil, recuerda esta palabra de 2da de Crónicas 32:7

"Sed fuertes y valientes; no temáis ni os acobardéis... porque el que está con nosotros es más poderoso que el que está con él"

Si Dios está contigo tienes lo necesario para avanzar. La palabra de Dios dice en 2da de Timoteo 1:7 **"Porque el Espíritu que Dios nos ha dado no nos hace cobardes, sino que Él es para nosotros fuente de poder, amor y buen juicio"**

Dios siempre depositará su confianza en nosotros si nosotros ponemos la nuestra en Él, tu mayor sueño puede ser casarte con esa chica que te trae de cabeza y tener una familia con ella, y el riesgo puede ser hablarle y que te diga que no, pero a Jesucristo le dice mucha gente que no, y no hay nada mejor que Él, si de verdad la quieres no la sueltes hasta que te diga que sí.

Si no se te da, pues a la vuelta de la esquina Dios te presentará otra.

A veces hay decisiones que ameritan mucho aplomo, como dejar tu carrera para apoyar a tu familia, irte a otro país, o simplemente descubriste que estás hecho para realizar otra actividad, o que tu sueño es ayudar a miles de personas a vivir una vida mejor y más saludable.

Pero sea cual sea tu objetivo, dale la oportunidad necesaria para que se haga realidad. Arriésgate si de verdad quieres conseguir la recompensa. Encuentra tu sueño. Y arriesga todo para alcanzarlo. Sólo así lograrás ser parte de la gente exitosa.

En la vida todo es un riesgo si te ríes puede que te llamen loco, si expresas tus ideas te arriesgas a que no gusten, si te arriesgas a ir por tus sueños puede que te llamen tonto, si pides algo te arriesgas a que te digan que no. Pero el riesgo es parte de la vida, el futbolista patea el balón y corre el riesgo de fallar, pero tiene que hacerlo.

Mientras más intentas las cosas pronto te harás más hábil haciéndolas, pero el mayor riesgo siempre será no arriesgarse.

Vemos empresas como Coca Cola y encontramos una bebida gaseosa que produce millones de dólares en ventas, todos la hemos probado, algunas personas la critican, pero lo cierto es que es un éxito rotundo, y todo porque su fundador estuvo dispuesto a arriesgarse, a crear una bebida que al comienzo era solo un producto que se vendía en farmacias, nadie daba ni un céntimo por la empresa, de hecho, durante su primer año en el mercado Coca Cola vendió sólo cuatrocientas botellas.

Hoy una de sus estrategias es invertir el 40% de sus ganancias en publicidad y promoción, esto significa arriesgarse a llegar a más público y no quedarse solo en la gloria del comienzo. Este principio Valentía y Riesgo van de la mano en el camino hacia el éxito.

En otra historia tomada de la Biblia, cuando el pueblo de Israel iba a entrar en la tierra Canaán dice que Moisés envió 12 espías para conocer las condiciones de la tierra que estaban a punto de conquistar, diez sintieron mucho miedo y dijeron que, aunque la tierra era muy buena, allí los moradores eran gigantes y los podían matar, sin embargo; dos hombres uno llamado Josué y otro Caleb dijeron que aunque habían gigantes en la tierra, esta era muy buena y sus frutos exquisitos.

Los doce presenciaron la misma tierra, los mismos frutos y gigantes, te aseguro que los doce sintieron el mismo miedo, pero solo dos se concentraron en lo bueno y se decidieron valientemente a poner sus ideas para proceder a conquistarla, esos dos fueron valientes y son los que permanecen recordados hasta el día de hoy como dos héroes de fe, porque hicieron la voluntad de Dios y conquistaron para Él.

"El coraje es hacer lo que te da miedo. No puede
haber coraje a no ser que estés asustado"
Edward Rickenbacker

RECUERDA SIEMPRE; VALIENTE ES AQUEL QUE ES FIEL, LLEVA A DIOS SIEMPRE EN SU CORAZÓN Y HACE SU VOLUNTAD; SÍ ERES EFICAZ, ACTIVO, ESFORZADO Y VALIENTE PESE A LAS CIRCUNSTANCIAS, DIOS SIEMPRE VA DE TU LADO EN CADA COSA QUE DECIDAS EMPRENDER, ES NORMAL QUE SIENTAS MIEDOS O DUDAS EN ALGUNAS CIRCUNSTANCIAS, PERO SI DECIDES AFERRARTE A ESTE PRINCIPIO, DIOS MISMO SE HARÁ CARGO DE TUS MIEDOS. LA CURA DEL MIEDO ES LA ACCIÓN, EL PONERSE EN MOVIMIENTO, ADELANTARSE Y TOMAR UNA DECISIÓN CONFIANDO EN DIOS. SE VALIENTE NO TEMAS DIOS ESTÁ CONTIGO.

Principio 6

Claridad

"Todo nuestro conocimiento es conocernos a nosotros mismos"
Alexander Pope

Este principio tiene que ver con el autoconocimiento. Estar claros en nuestro propósito de vida, talentos, capacidades, dones y virtudes.

Saber quiénes somos, donde estamos y hacia dónde queremos ir. Todos nacemos con una dotación de Dios para hacer su voluntad, para hacer realidad nuestros sueños, y debemos estar lo más claros posibles con respecto a eso. Todas las decisiones de nuestra vida concerniente a nuestro trabajo, ocupación, estudios, relaciones, inversión del tiempo y del dinero deben ser tomadas en la dirección correcta.

Para ello, conocernos en lo íntimo es vital, muchas veces no es muy fácil encontrar nuestro propósito, pero es necesario y no debemos descansar hasta encontrar esa respuesta que solo Dios y nosotros mismos podemos responder.

Es completamente ilógico alguien que tiene el talento de pintar y sueña con ser pintor trabajando de médico, o un músico trabajando de arquitecto o alguien que sueña ser empresario hacer las labores de filósofo, o alguien que ama jugar al futbol con un traje de militar.

Debemos estar claros en que queremos ser y hacer, que nos gusta, que nos da energía y que nos la quita. Hay algo en la vida de cada uno que marca el ritmo, la pauta.

En una temporada de tu vida puedes estar haciendo algo que no te gusta por necesidad, pero eso debe ser momentáneo y circunstancial.

En una conferencia en la ciudad de México, alguien que fue un gran futbolista y hoy día es uno de los mejores entrenadores del futbol actual, el Señor Josep Guardiola dijo lo siguiente en palabras textuales:

"Mi gran suerte es que bien pequeñito, encontré la pasión; yo era muy chico y fue un día; yo nací en un pueblo muy pequeño de mi país llamado Cataluña que está a unos kilómetros de la capital que es una ciudad llamada Barcelona y un día cuando yo era chiquitico muy chiquitico ocurre que me llega un balón a los pies y yo lo pateé. Y en ese momento yo sentí algo que me ha marcado o que me ayudó a decir YO QUIERO DEDICARME A ESTO, no sé por qué, pero en el momento que yo golpeé el balón para mí fue mágico sentí una liberación y dije esto es lo mío"

El resto es historia sin duda Guardiola fue uno de los mejores jugadores de España y es actualmente uno de los mejores entrenadores del mundo.

Tú también tienes algo que te gusta, que te apasiona y si no lo has encontrado te doy un consejo, ora al creador y en tu cama cuando apagues la luz para dormir cuando esté todo en silencio pregúntale ¿Señor que es lo que más me gusta?, ¿qué quieres tú que yo haga?,

No todos seremos un Guardiola, pero estando claros en nuestras vidas vamos a poderle aportar más al mundo y estaremos mejor con nosotros mismos. Nada más triste que levantarnos en la mañana y salir a trabajar algo que no nos gusta y hacerlo por un tiempo muy largo, y mucho peor aún será para tu jefe o patrono bregar con la mala actitud que tiene una persona que no le gusta lo que hace.

"Tu tiempo es limitado, de modo que no lo malgastes viviendo la vida de alguien distinto. No quedes atrapado en el dogma que es vivir como otros piensan que deberías vivir. No dejes que los ruidos de las opiniones de los demás acallen tu propia voz interior, y, lo que es más importante, ten el coraje para hacer lo que te dicen tu corazón y tu intuición"
Steve Jobs

A las personas que les gusta lo que hacen sobresalen porque aman su profesión. Leonel Messi el 5 veces balón de oro, te aseguro que no juega así de bien por ganarse los balones o el dinero, juega bien por que ama lo que hace, sí le gusta ganarse los balones de oro, sobresalir y ser el mejor, pero es el mejor porque ama lo que hace.

Otro personaje importante y admirado de la historia moderna es Steven Paul Jobs, conocido como Steve Jobs, nació un 24 de febrero de 1955. Otro apasionado por hacer lo que le gusta, En 1972, Jobs se graduó de la escuela superior y comenzó a cursar estudios en Reed College, en Portland, Oregon.

Como muchos de nosotros conocemos gracias a su famosa conferencia en la Universidad de Stanford, Jobs abandonó los estudios luego de un semestre, pero siguió asistiendo como oyente a aquellas clases que él consideraba interesantes, por curiosidad y por amor al aprendizaje.

Durante esos años, los que él llamó algunos de los años más maravillosos y apasionantes de su vida, Jobs dormía en el piso de las habitaciones de sus amigos, juntaba tapas de botellas de refrescos para cambiarlas por dinero, y asistía al templo Hare Krishna una vez a la semana para poder tener una comida decente.

En adición, es en este momento cuando conoce la caligrafía (gracias a una de las clases a las que asistió por curiosidad), un elemento, una característica que años después se traduciría en un pilar estético y en una marca distintiva de Apple. Marca fundada en el garaje de una casa, con Jobs y dos amigos que simplemente trabajaban con sus talentos haciendo lo que les gustaba, esto más adelante rindió frutos y se introdujo la primera computadora hogareña. Luego en 1984 el primer pequeño ordenador con interfaz gráfica que tuvo éxito comercial.

"Cuando alguien ama lo que hace, se nota.
Cuando no amas lo que haces se nota aún más"
Steve Jobs

La contribución de Steve todavía sigue aún después de su partida. Muchos de nosotros pasamos gran parte de nuestras vidas con preguntas, no todos tienen la suerte de Josep Guardiola o Steve Jobs que pueden encontrar sus porqués a corta edad, lo importante es que identifiquemos si nuestra vida está basándose en aportar con lo que Dios nos dio. Todos nacemos con un don o talento, nadie llega a este mundo sin unas herramientas y un propósito dados por su creador.

La edad nunca importa, unos consiguen su propósito rápido, otros tardan muchos años, pero lo ideal es encontrarlo, nunca debemos confundir un fajo de billetes con nuestro propósito, eso es un error.

"El trabajo va a ocupar gran parte de tu vida, y la única forma de estar realmente satisfechos es hacer lo que consideren un trabajo

extraordinario. Y el único camino para lograrlo
es amando lo que hacen. Si no lo han descu-
bierto sigan intentando no se conformen"
Steve Jobs

Hay personas que nos han aportado mucho y no
necesariamente la vida les ha pagado con dinero, la
Madre teresa de Calcuta una religiosa albanesa nacio-
nalizada india, premio Nobel de la Paz en 1979. Cuando
falleció 1997, la congregación de las Misioneras de la
Caridad contaba ya con más de quinientos centros
en un centenar de países. Pero quizá la orden que
fundó, cuyo objetivo es ayudar a "los más pobres de
los pobres", es la parte menor de su legado; la mayor
fue erigirse en un ejemplo inspirador reciente, en la
prueba palpable y viva de cómo la generosidad, la
abnegación y la entrega a los demás también tienen
sentido en tiempos modernos.

Siendo aún una niña ingresó en la Congregación
Mariana de las Hijas de María, donde inició su actividad de asistencia a los necesitados. Conmovida por
las crónicas de un misionero cristiano en Bengala, a los
dieciocho años abandonó para siempre su ciudad natal
y viajó hasta Dublín para profesar en la Congregación
de Nuestra Señora de Loreto. Como quería ser mis-
ionera en la India, embarcó hacia Bengala, donde cursó
estudios de magisterio y eligió el nombre de Teresa
para profesar.

Apenas hechos los votos pasó a Calcuta, la ciudad con la que habría de identificar su vida y su vocación de entrega a los más necesitados. Durante casi veinte años ejerció como maestra en la St. Mary's High School de Calcuta. Sin embargo, la profunda impresión que le causó la miseria que observaba en las calles de la ciudad la movió a solicitar a Pío XII la licencia para abandonar la orden y entregarse por completo a la causa de los menesterosos.

Enérgica y decidida en sus propósitos, Teresa de Calcuta pronunció por entonces el que sería el principio fundamental de su mensaje y de su acción: "Quiero llevar el amor de Dios a los pobres más pobres; quiero demostrarles que Dios ama el mundo y que los ama a ellos".

"De sangre soy Albanesa. De ciudadanía, India. En lo referente a la fe, soy una monja católica. Por mi vocación, pertenezco al mundo. En lo que se refiere a mi corazón, pertenezco totalmente al corazón de Jesús"
Madre teresa de Calcuta

En el verdadero éxito, el dinero es solo un agregado no es el fin. ¿Quién duda del éxito de La Madre Teresa? En 1950 fundó la congregación de las Misioneras de la Caridad organización plenamente dedicada totalmente a los más necesitados sin importar credo, color o cultura a la que pertenecieran "Para nosotras no tiene la menor importancia la fe que profesan las personas a las que prestamos asistencia. Nuestro criterio de ayuda no son las creencias, sino la necesidad. Jamás permitimos que alguien se aleje de nosotras sin sentirse mejor y más feliz, pues hay en el mundo otra pobreza peor que la material: el desprecio que los marginados reciben de la sociedad, que es la más insoportable de las pobrezas.".

La Madre Teresa encontró lo que le gustaba y lo hizo con pasión, no es lo mismo un pastor o líder religioso común, que un pastor o líder que ama lo que hace, todas sus decisiones se enfocarán en hacer de su profesión un verdadero éxito ayudando a los demás.

Este principio es sumamente valioso, tú eres lo que Dios diseñó que fueras y, vas a hacer con excelencia las cosas para las cuales Él te preparó.

Tu papá y tu mamá pueden decir que tú eres o serás lo que ellos quieran, pero en tu interior hay algo que tú ya sabes, ya conoces, eso que te llama, eso que haces mejor que otras cosas, por ejemplo: cocinar, hablar en público, jugar algún deporte, cantar, pintar, correr, saltar, hacer cálculos numéricos, aconsejar, tocar un instrumento, curar o lo que sea. Eso eres tú, hay personas que tienen varios talentos o destrezas, es válido también pero tu enfoque principal tiene que estar dirigido hacia tu mayor fortaleza.

"A veces sentimos que lo que hacemos es tan solo una gota en el mar, pero el mar sería menos si le faltara una gota"

Madre Teresa de Calcuta

Hay países en el mundo donde el talento humano no es muy valorado, son restringidas las libertades, pero este tipo de sistemas siempre se derrumban, porque Dios hizo al hombre libre en sus decisiones, y parte del éxito empieza cuando tienes la libertad de escoger. Pero Dios obra por sendas misteriosas, sin una India en problemas no hubiese surgido un líder como Mahatma Gandhi, sin un Estados Unidos o Sudáfrica dividido no hubiesen existido Abraham Lincoln o Nelson Mandela.

Estés en el sitio que estés, tú puedes brillar allí, Dios te hizo una luz, la luz sirve para brillar en la oscuridad. Dios le da a cada país, equipo, empresa o iglesia los talentos que les hacen falta para triunfar.

Ten claridad en tu sueño, responde estas preguntas ¿Cuáles son mis más grandes talentos? ¿Qué me gusta hacer? ¿Dónde quiero estar dentro de 5 años? ¿Qué futuro quiero tener? Luego que las respondas ve y al igual que Guardiola, di; ESTO ES LO QUE YO QUIERO HACER Y LO VOY A HACER POR EL RESTO DE MI VIDA.

Recuerda, NADIE MAS QUE TU SABES LO QUE QUIERES Y LO QUE AMAS HACER, CLARIFÍCATE CON LA AYUDA DE DIOS Y HAZ LO QUE ÉL TE LLAMÓ A HACER.

Principio 7

Gerencia Personal

"Si empiezas a trabajar en tus metas, tus metas trabajaran para ti. Si empiezas a trabajar en tu plan, tu plan trabajara para usted. Cualquier cosa buena que construyamos terminará construyéndonos a nosotros"
Jim Rhon

Este principio tiene que ver con llevar una vida responsable y organizada en busca de lo que anhelamos, para una empresa el encargado de dirigir tal labor se le denomina gerente y es el responsable de tomar las decisiones que conciernen a la planificación, programación, ejecución, control y evaluación para una mejora continua de todos los recursos y actividades para obtener los resultados deseados. La palabra clave en la definición anterior es DECISIONES.

Todos somos gerentes de nuestra propia vida, todos tomamos decisiones responsables o irresponsables y estas a su vez nos acercan o nos alejan de nuestros objetivos. Es vital ser buenos gerentes de nuestras vidas, lo único es que, para ser buen gerente de ti mismo, necesitas al dueño de tu corazón dirigiéndote; ES DECIR A DIOS.

Solo Dios puede ayudarnos a llevar una vida bien gerenciada, la Biblia dice en 1era de Corintios 19:12 "De ti proceden la riqueza y el honor; tú reinas sobre todo y en tu mano están el poder y la fortaleza, y en tu mano está engrandecer y fortalecer a todos" una vida bien gerenciada de la mano de Dios buscará de forma organizada conseguir sus sueños, mientras que una vida desordenada te alejará de ellos.

Tomando el ejemplo de un gerente de empresa en sus labores normales, lo que hace es que recibe una VISION y unos recursos de parte del dueño y en su trabajo como gerente debe utilizar todos los recursos organizadamente para lograr que esa visión a largo, corto o mediano plazo se haga realidad.

Cada vez que Dios coloca un sueño (visión) en tu corazón está haciendo PRECISAMENTE ESO y lo hace porque cree que lo puedes lograr, si el dudara de ti sencillamente no la colocaría, la Biblia dice en 1era de Tesalonicenses 5:24 "Dios hará que esto suceda, porque aquel que los llama es fiel" es decir, todos somos gerentes lo queramos creer o no, ahora veamos que necesitamos hacer para desarrollar una buena gerencia en nuestras vidas.

Este principio se desarrollará en 6 subpuntos importantes Planificación, Programación, Ejecución, Control, Evaluación y Mejora Continua.

A) PLANIFICACIÓN: planificar es estudiar por anticipado lo que se va a hacer, como se va a hacer y con qué recursos, esto es lo que hacemos partiendo de la visión, la misión, y los valores. Estos 3 primeros trabajan el carácter del individuo, mientras que los otros dos las metas y los objetivos mantienen el enfoque y llevan a la consecución.

"La planificación a largo plazo no es pensar en decisiones futuras, sino en el fruto de las decisiones presentes"
Peter Drucker

Las organizaciones exitosas saben esto y lo practican, pero tú y yo debemos tener nuestra propia visión, misión, valores, metas y objetivos personales bien claros, definidos y escritos.

La Biblia dice en Proverbios 21:5

"Los planes bien pensados y el arduo trabajo llevan a la prosperidad, pero los atajos tomados a la ligera conducen a la pobreza"

Debemos planificar y pensar bien lo que vamos a hacer. Vamos a conceptualizar lo que entendemos por cada uno de los puntos que tenemos que tomar en cuenta para desarrollar nuestra planificación.

- La visión es la imagen que la persona se plantea a largo plazo sobre cómo espera que sea su futuro, en una expectativa ideal de lo que espera que ocurra, donde quiere ir y que quiere ser o hacer. Es una imagen clara de su futuro visto por anticipado y escrito detalladamente en un papel, y debe ser realista pero ambiciosa.

- La misión es lo que nos impulsa o la razón de ser y el aporte que damos al mundo de cumplir nuestra visión, esto siempre denota una acción como proveer, crear, mantener, cuidar etc.

- Los valores son los que apoyan la visión de la persona, le dan forma a la misión y la cultura y reflejan los estándares personales. Los valores, creencias, filosofía y principios, y son la esencia y la identidad del individuo.

- Una meta es un pequeño objetivo con una fecha que lleva a conseguir un objetivo final. Las metas son como los procesos que se deben seguir y terminar para poder llegar al objetivo. Todo objetivo está compuesto por una serie de metas, que unidas y alcanzadas conforman el objetivo final.

- El objetivo es la sumatoria de todas las metas. Es el resultado final de una serie de metas y procesos, y es la cristalización de un plan de acción o de trabajo el cual está conformado por metas.

Nuestra vida debe proyectar la visión, la misión y los valores que tenemos en nuestra vida diaria.

Cada movimiento en nuestra vida nos acercará o nos alejará de nuestra visión y misión, por ello se debe trabajar a diario en nuestros objetivos y metas porque son lo que nos mantendrán concentrados en el rumbo y la dirección correcta.

La biblia dice en Proverbios 29:18 **"El pueblo sin visión perecerá"** la visión denota las expectativas y los anhelos de un futuro prometedor.

Debes urgentemente tener una visión, para así empezar las cosas teniendo una imagen del final que anhelas.

Por ejemplo, si sueñas con ser médico un ejemplo de visión personal puede ser "En 7 años estaré terminando mi carrera de médico y con este título podré ofrecer mis aprendizajes y valores a los demás y seré muy exitoso en mi vida profesional y en mi economía contribuyendo con mi país y mis semejantes".

Debe estar escrita y visible a ti todos los días hasta que lo alcances y si es posible leerla varias veces al día, puedes inclusive tomar fotos adelantadas de lo que quieres y colocarlas cerca de la visión, porque esto mantendrá tu mente enfocada en tu sueño, además de canalizar tus pensamientos y energía hasta conseguirlo.

Tu imaginación también juega un papel muy importante, mientras más te imagines obteniendo el resultado más te acercaras a él.

La biblia dice en Habacuc 2:2 **"Entonces el SEÑOR me respondió diciendo: Escribe la visión y grábala claramente en tablas para que corra el que la lea"** la frase "corra el que la lea" denota una persona o grupo de personas proactivas y dispuestas a hacer algo.

El éxito requiere movimiento para alcanzar lo que dice tu visión, y tu medida de éxito es la consecución paso a paso de los objetivos y metas que te acercan a tu visión personal. La visión una vez conseguida puede ser ampliada y mejorada.

La Visión y la Misión están interrelacionadas entre sí, de hecho, para escribir nuestra visión personal debemos tener en cuenta nuestra misión. Y para definir claramente nuestra misión personal, debemos tener claro que haremos como cotidiano que nos llevará a cumplir nuestra visión. Un ejemplo de misión para el médico sería la siguiente: "Proveer con mis conocimientos adquiridos en medicina un servicio de salud especializado adaptado a las necesidades de mis clientes, manteniéndome a la vanguardia en conocimientos y prácticas médicas de excelencia contribuyendo con la calidad de vida de mis pacientes y la sociedad"

Una vez que tu visión y tu misión están bien definidas tu próximo paso es definir tus valores, que no son más que juicios morales con respecto a áreas de tu vida; si seguimos con el Ejemplo del médico, sus valores pueden ser "Servicio, Puntualidad, Justicia, Originalidad, Respeto al Prójimo, Entusiasmo, Honestidad, Limpieza, Lealtad, Compromiso, Alegría, Compasión, Cooperación, Caridad, Cortesía y Decencia" puede haber muchos más porque es algo muy personal.

Esto determina nuestro norte como comportamiento. El valor es lo que te diferencia de otro individuo con respecto a que le ofreces tú a la sociedad, valga la redundancia es el valor agregado de lo que tú haces.

Las metas, vienen dadas cuando desglosas o divides en partes más pequeñas y medibles tu objetivo final. Por ejemplo, si tienes como objetivo bajar de peso 30 kilogramos, puedes separar ese objetivo en metas de 3 kilos por cada quince días, demarcando el día de inicio y el día esperado de culminación.

> "La tragedia en la vida no consiste en no alcanzar tus metas. La tragedia de la vida consiste en no tener metas que alcanzar"
> Benjamín E Mayz

Para el ejemplo del médico una de sus metas escritas puede ser la siguiente "Aprobar el 15 de Octubre el examen de embriología con un promedio mayor a 15 puntos".

Dado el caso que tú no seas medico sino empresario o tengas cualquier otra profesión, si tus ventas actuales son de 55000 $ es completamente injusto contigo mismo si te trazas como meta de un año tener unas ventas de 1000000 $ o Diez Millones de dólares, las cosas se consiguen paso a paso, de 55000 $ vas por 90000 $ luego vas subiendo poco a poco siempre con un margen de error que te permite fallar en tu meta sin dejar de avanzar y no sentirte mal. Puede ocurrir que tengas un crecimiento inesperado de parte de Dios, y este sea exponencial, pero eso ya sería un agregado, una bendición.

Pero al tener metas claras le aportas a tu vida dirección, significado, motivación, energía, satisfacción y oportunidades de crecimiento y progreso.

"Cuando los obstáculos surjan, cambia tu dirección para alcanzar tu meta, no cambies tu decisión de llegar allí"
Zig Ziglar

Toda meta debe ser elegida por ti, clara y específica, expresada en primera persona "yo", realista, medible, importante y motivadora, porque a la persona que le tienen que agradar tus metas es a ti, por eso es tan importante hacer lo que a ti te gusta.

Los grandes deportistas se fijan metas para mejorar sus destrezas y habilidades, con frecuencia pasan horas practicando un tiro hasta que obtienen los objetivos o propósitos que se trazan para poder darle cumplimiento a la visión, hacen una serie de logros que tienen que cumplir, puntos de llegada a concretar que sumados uno a uno lo van a llevar a lograr la visión, eso son los objetivos.

Tomando el ejemplo del aspirante a médico uno de sus objetivos puede ser "Aprobar todas las materias cursadas este semestre con un promedio mínimo de 15 puntos" la consecución de metas más pequeñas con respecto a cada asignatura le llevará a cumplir su objetivo y la sumatoria de la conclusión de todos estos, a alcanzar su visión.

La persona que tiene estos puntos claros en su vida, tarde o temprano consigue lo que se ha propuesto. Es como un avión en piloto automático, pueden venir muchas turbulencias y a menos que ocurra algo muy grave está predestinado a llegar a su destino.

B) PROGRAMACION: Una vez que la persona tiene bien estructurada su planificación, el siguiente paso es darle fechas de inicio y final aproximado a las actividades necesarias para realizar sus metas y objetivos que son los que le van a llevar a alcanzar su visión.

"La administración del tiempo propio exige perseverancia, autodisciplina; y ninguna otra inversión rinde los más altos dividendos en lo que se logra y en lo que se rinde"
Peter Drucker

Al clarificar objetivos debes tener en cuenta tus prioridades; y la capacidad de administrar tu tiempo, va a mejorar en gran medida, sin embargo; para que resulte verdaderamente exitosa tu vida requieres de una programación cuidadosa y regular de actividades y tiempo.

Programar las actividades que se deben realizar es determinar con fecha calendario y tiempo estimado de duración qué debe de llevarse a cabo, cómo, quién, cuánto, con qué, y en donde deben efectuarse para poder lograr los objetivos.

Programar es una disciplina mental que requiere de organización y control. Programar el uso eficiente del tiempo es poner en práctica los siguientes pasos:

- Clarificar objetivos.

- Definir todas las actividades prioritarias de acuerdo con las tareas que sean más importantes para el logro de los objetivos.

- Enumerar todas las actividades del día y designarles la urgencia con que debe realizarse.

- Evaluar todas las actividades que parezcan urgentes.

- Cuestionar las actividades que alteren el plan diario.

- Desarrollar el hábito de atender las actividades más importantes y valiosas.

Al desarrollar tus habilidades para programar tendrás como resultado una capacidad de enfoque muy alta, te concentrarás de forma subconsciente en lo que realmente te va a acercar a tus objetivos, SERÁS MÁS EFICIENTE Y TE AGOTARÁS MENOS.

La mayoría de las personas tardan más tiempo del necesario en llegar a sus metas, y en un porcentaje muy alto se debe a que diluyen su atención en actividades menos importantes.

Tu programa debe estar basado en tus planes semanales y hasta diarios.

El plan semanal contiene las actividades que deben llevarse a cabo para lograr los objetivos semanales, además de la secuencia en que estas tareas deben realizarse. El tiempo que requiere cada actividad para ser concluida y el día de la semana que se dedicará para su realización.

El preparar un plan y un programa semanal aumenta el control sobre las situaciones que propician una semana muy ocupada, complicada y poco provechosa. Al terminar el Plan Semanal es conveniente completar un Plan Diario de cosas por hacer que sea acorde con tus objetivos semanales.

Enumera las actividades previamente seleccionadas en el Plan Semanal para realizar ese día. Enlista las tareas diarias que deberán llevarse a cabo, identifica prioridades y calcula el tiempo que se requiere para cada tarea.

El Plan Semanal funciona mejor si se prepara el viernes previo a la semana que se está programando, y el Plan Diario si se hace al final de cada día.

Es necesario incluir en la programación de actividades suficiente flexibilidad para atender lo inesperado.

La flexibilidad que cada persona necesita en el manejo del tiempo es diferente; como regla general, un 25% del día debe disponerse para cuestiones inesperadas.

Lo esencial es que el orden de cualquier programación debe incluir primero las actividades prioritarias.

Para mejorar las aptitudes personales de programar el tiempo, es muy útil comparar lo que se planeó contra lo que realmente se hizo en ese tiempo, esto ayudará a ser más realista y efectivo en las próximas planeaciones. Esto es muy importante he oído a infinidades de personas decir, Dios tiene un plan, pero ¿tú lo tienes plasmado, estás claro en lo que Él quiere de ti?, ¿estas organizado buscando lo que el mismo Dios te ha dicho? ¿Estás siendo organizado y eficiente para alcanzar tus labores para Dios?

"Tu naciste siendo un ganador, pero para ganar debes planear ganar, estar preparado para ganar y esperar ganar"
Zig Ziglar

El mismo Señor Jesús en su palabra dice en Lucas 14:28-31

"Si alguno de ustedes quiere construir una torre, ¿qué es lo primero que hace? Pues se sienta a pensar cuánto va a costarle, para ver si tiene suficiente dinero. 29 Porque si empieza a construir la torre y después no tiene dinero para terminarla, la gente se burlará de él. 30 Todo el mundo le dirá: "¡Qué tonto eres! Empezaste a construir la torre, y ahora no puedes terminarla."31 ¿Qué hace un rey que sólo tiene diez

mil soldados, para defenderse de otro rey que lo va a atacar con veinte mil? Primero tendrá que ver si puede ganar la batalla con sólo diez mil soldados. 32 Y si ve que no puede ganar, aprovecha que el otro rey todavía está lejos y manda mensajeros a pedir la paz"

Muchas veces nos escudamos en formas de pensar erróneas y sin sentido, Dios quiere que vivas una vida organizada, Él siempre te avisará que hacer, que pasos tienes que dar. Pero es obvio que tú tienes que organizarte para hacerlo, ese es TU TRABAJO no el de ÉL.

Tienes que usar tu cabecita y organizar tu trabajo e ideas, el Espíritu Santo te ayudará, pero no hará ese trabajo por ti. Por eso debemos planear programar y si Dios necesita cambiar algo, ÉL mismo ordenará tus pasos, pero la iniciativa debe ser tuya.

C) EJECUCIÓN: es obvio que podemos pasarnos la vida planeando, pero no hacemos nada sino llevamos a cabo lo planeado y programado. Tenemos que poner la acción y el movimiento para tener un resultado, sin la ejecución los planes se vuelven simples pesadillas porque en cualquier momento llegará a tu vida la pregunta que todos deberíamos temer ¿Por qué no lo hice?

Lo que se piensa demasiado nunca se hace, pensar bien no es pensar demasiado es pensar e ir a la acción.

A veces el exceso de planeación termina siendo una excusa para no ir a la acción y debemos impedir esto. Las manos de Dios para tocar e influir este mundo son las tuyas, el necesita que pongas tus manos a la obra, que te pongas a trabajar.

La palabra de Dios dice en Esdras 10:3 **"Levántate, y manos a la obra, que ésa es tu responsabilidad. Tú, pon todo tu empeño, que nosotros te apoyaremos"**.

Tienes toda la ayuda del cielo a tu favor, pero solo se abocará a ti si ejecutas tu plan, porque el mejor plan del mundo es el que se ejecuta.

Este libro solo llegó a tus manos porque tomé la decisión de ir a la acción y ejecutar lo que tuve tiempo planeando. Cada cosa que tu vez en la vida por muy pequeña o grande que sea es producto de una visión que se llevó a cabo, SE EJECUTÓ, se planea se programa y se ejecuta, ya vendrán otras actividades, pero la importancia de esta es que lleva las cosas de la mente al plano material, las hace palpables.

TODO LO QUE VEZ ES PORQUE ALGUIEN LO IMAGINÓ, LO VISIONÓ Y LO EJECUTÓ.

D) EVALUACIÓN Y CONTROL: El control y la evaluación son las que nos mantienen informados de la forma como estamos trabajando, pues, aunque tengas magníficos planes, un programa adecuado y seas muy eficiente en tu ejecución, no podrás verificar cuál es la situación real de tus objetivos y metas personales sino existe un mecanismo que te informe si los hechos van de acuerdo con los objetivos.

El Evaluar y Controlar podemos decir que consiste en verificar si todo marcha conforme al plan de acción y al programa que ejecutaste, midiendo los resultados actuales y corrigiendo lo que se ha desviado de tu idea original, y rectificando para que no se produzca nuevamente.

"Lo que haces hoy puede mejorar todas
tus mañanas"
Ralph Marston

Al controlar y evaluar lo que haces, obtienes el beneficio de que te vuelves más eficiente, puedes enfrentar mejor los cambios, ganas velocidad y por ende consigues lo que quieres mucho más rápido.

Se evalúa comparando con situaciones ideales, debes tener puntos de comparación que sean realistas y también te lleven a lo deseable, si eres empresario y tu objetivo es aumentar tus ventas, debes evaluar cómo está actualmente la empresa para tomar decisiones e invertir de forma que consigas elevarlas, definir tu situación real. Por ejemplo, si contratas servicios de publicidad a través de la radio o televisión tienes que medir como eran tus ventas antes y luego de haber hecho el contrato con la emisora. Si tus ventas no reaccionan, entonces debes tomar otro tipo de medidas como cambiar la agencia o inclusive el producto.

Cuando evaluamos y controlamos tenemos las herramientas para tomar decisiones, si no lo hacemos simplemente vamos a la deriva en nuestra vida y por ende habrá más pérdida de tiempo, dinero y relaciones.

Debes tener una fecha que marcarás en tu programa calendario para revisar tus hojas de anotación, controlar el avance de tu meta, las acciones que ya has realizado, y sus resultados.

Si descubres que va todo bien FELICITACIONES, lo estás logrando poco a poco. Pero si descubres que no estás acercándote a tu objetivo, estarás a tiempo para reencaminarte hacer correctivos, y encontrar formas mejores de hacer las cosas, o simplemente tal vez debas eliminar algunos compromisos, o encargarlos a alguien más (cuando son cuestiones familiares o del trabajo) y pensar en tomarte un rato cada día para meditar sobre cuáles son tus verdaderas prioridades y qué es lo que puedes suprimir, delegar o simplemente eliminar para poder lograr tus objetivos.   Porque nunca hay malos resultados, lo malo es no saber cuáles han sido tus resultados para que puedas aprender de ellos y aplicar lo aprendido.

E) MEJORA CONTINUA: Una de las claves del progreso es la mejora continua, este libro fue escrito para ello para hacer de las personas mejores y más felices. Japón uno de los países más fuertes y prósperos económica y socialmente del mundo hicieron de este concepto su forma de vida, lo denominaron "KAIZEN". A esto se le llamó el milagro japonés. El lema principal de la mejora continua es "¡Hoy mejor que ayer, mañana mejor que hoy!" y según el diccionario "Es la tendencia a mejorar indefinidamente un trabajo sin decidirse a considerarlo nunca como acabado".

La filosofía de la mejora continua es mejorar, aunque sea un poco cada día lo que estás haciendo, y así al final tendrás un resultado muy bueno, pero esto no se hace al instante, tus decisiones se centraran en mejorar cada vez más y paso a paso.

Es un proceso que toma tiempo, no es querer ser perfecto, simplemente es dar pasos diarios para buscar ser mejor en cada aspecto de tu vida mientras consigues tus objetivos.

"Loco es aquel que, haciendo siempre lo mismo, espera resultados distintos"
Albert Einstein

Introducir en tu vida el hábito de la mejora constante es muy poderoso lo demostraron Steve Jobs y Mark Zuckerberg. Tenían claro que su idea era revolucionaria, que podía cambiar el mundo y lo lograron. Tuvieron dificultades como todo emprendedor, pero nunca desistieron.

Lo mejor es que no se contentaron con las características del proyecto. Cada día agregaban algo adicional que llevaría a una experiencia más agradable a sus usuarios. La innovación es continua. Ni los productos de Apple, ni la red social Facebook son los mismos de hace años. Estos se han transformado para estar acordes con las nuevas exigencias del mundo.

Eso es tener en claro la importancia de la mejora continua. El apóstol Pablo dijo en Filipenses 3:12-18

"12 Con esto no quiero decir que yo haya logrado ya hacer todo lo que les he dicho, ni tampoco que ya sea yo perfecto. Pero sí puedo decir que sigo adelante, luchando por alcanzar esa meta, pues para eso me salvó Jesucristo. 13 Hermanos, yo sé muy bien que todavía no he alcanzado la meta; pero he decidido no fijarme en lo que ya he recorrido, sino que ahora me concentro en lo que me falta por recorrer. 14 Así que sigo adelante, hacia la meta, para llevarme el premio que Dios nos llama a recibir por medio de Jesucristo. 15 Todos los que ya hemos progresado mucho en nuestra vida cristiana debemos pensar de esta manera. Y si algunos de ustedes piensan de manera diferente, hasta eso les hará ver Dios con claridad. 16 Lo importante es que todos nosotros sigamos las mismas reglas. 17 Hermanos míos, sigan mi ejemplo. Y fíjense en los que así lo hacen"

Pablo tenía muy en claro que necesitaba mejorar su vida a diario para lograr lo que él se había propuesto, parte de nuestra gerencia como personas es velar por hacernos con la ayuda de Dios mejores cada día de nuestras vidas, son pequeños cambios a diario de forma perseverante los que marcan la diferencia.

Recuerda HOY MEJOR QUE AYER, MAÑANA MEJOR QUE HOY.

Principio 8

Fe

"Los que dicen que es imposible no deberían
de molestar a los que lo están haciendo"
Albert Einstein

Este principio más que importante es vital
para el éxito, primero porque es la única forma que
tenemos de agradar a Dios y segundo porque es necesario creer en lo profundo de nuestro corazón que los
resultados que anhelamos se presentarán.

La Biblia dice PARA EL QUE CREE TODO ES POSIBLE
esa afirmación es una realidad, personas en todo el
mundo en este momento están realizando algo que
para otros resultaría imposible, y lo hacen quizás
contra todos los pronósticos y condiciones adversas,
pero sí, con mucha fe.

Dice la Palabra de Dios es Hebreos 11:1 **"Ahora
bien, la Fe es la certeza de lo que se espera, la convicción de lo que no se ve"**, la fe es la confianza pre-
determinada que tenemos de que lo que anhelamos

ya estamos destinados a conseguirlo, es como si nos adelantáramos al futuro y lo extrajéramos de allí, eso precisamente es lo que hace la fe, te adelanta a la consecución de los hechos.

Lo que ya tú viste en tu visión, la fe lo extrae del futuro como si lo tomases con la mano.

"No se puede honrar de mejor manera a Dios,
nuestro padre, que a través de una confianza
sin límites"
San Alfonso María de Ligorio

Si le preguntamos a Henry Ford que era lo único que tenía aparte de ese gran sueño de inventar el auto moderno, estoy seguro de que contestaría, FÉ. Los grandes logros, las grandes empresas, los grandes inventos, los grandes descubrimientos se han conquistado sobre la base de una fe firme en Dios, en sí mismo, y en los sueños.

Henry Ford se negaba a aceptar la existencia de imposibilidades basado en la fe que él tenía, muchos pudieron haber inventado el Ford Modelo T y la producción en masa, pero siempre sucede lo mismo, cada persona que tiene un sueño y lo hace realidad, lo hace teniendo nada más que una fe verdadera y muy audaz para poder lograrlo, ambos van de la mano.

La fe cree y acepta sin ver, lo que la incredulidad no puede aceptar ni aun viendo y teniendo todas las pruebas.

En la Biblia se les llaman HEROES DE FÉ a todos los hombres que con fe conquistan sus sueños para Dios.

Dios exige de nuestras vidas fe en Él, fe en nosotros, y en nuestras capacidades, pero nos la exige porque precisamente ÉL puede dárnosla si nosotros nos aferramos a Él, nunca nos pediría algo que Él mismo no nos haya dado primero, pero así como nos la da, nos demanda que la alimentemos, y nuestra fe se alimenta de lo que permitimos que entre a nuestras vidas a través de nuestros sentidos.

Si queremos que nuestra fe crezca debemos alejarnos de aquellas personas, cosas o situaciones que le impidan crecer.

Una persona que tiene mucha fe en sus proyectos puede seguir adelante en medio de grandes dificultades y rechazos, tal es el ejemplo de Cristóbal Colón el descubridor de las américas, quien presentó a los reyes de Portugal en una oportunidad el proyecto de llegar a las Indias desde el Oeste. Los portugueses le rechazaron, debido a que sus navegantes tenían mucho Éxito en sus viajes por las costas de África, para ellos una ruta mucho más confiable que navegar atravesando el inhóspito y desconocido océano.

Nadie creyó en su proyecto porque lo veían como una aventura sin ningún tipo de garantías. Cristóbal Colón basaba su idea en algo completamente nuevo, él afirmaba que la tierra era redonda algo que era muy controvertido en la época, pero fue tanta su fe, determinación e insistencia que los reyes católicos por fin aceptaron brindarle el apoyo económico necesario y ¡vaya que fue todo un éxito! Colón descubrió las Américas, su fe le mantenía el rumbo cuando sus pensamientos le querían hacer divagar por el océano. No sabemos cuántas tormentas o peligros tuvo que enfrentar él y su tripulación, lo cierto es que logró su objetivo.

De igual manera nuestra fe puede mantener el rumbo de nuestras vidas hacia nuestros sueños, el mar de la vida es muy impetuoso y sus olas pueden voltear nuestra barca. Cristóbal Colón ha sido un gran ejemplo para la humanidad, de que sí se puede hacer grandes conquistas, el creyó en sus sueños y se mantuvo enrumbado, no sabemos si en algún momento se extravió, pero si sabemos que se mantuvo firme en su fe, hasta llegar a su destino.

Hay una infinidad de historias que tienen como principal fuente de inspiración este principio de la fe, a muchos de nosotros nos gustan las chemises Polo del diseñador Ralph Laurent.

Este hombre nació en 1939 en Nueva York, pertenecía a una familia muy humilde del Bronx. Al poco tiempo de ingresar a la universidad la dejó para ingresar al ejército. Luego de prestar el servicio militar empezó a trabajar como vendedor en una tienda de ropa de hombres, allí empezó a cuestionar la rigidez de las corbatas que se vendían en la tienda, ya a los 28 años empezó a diseñar y vender sus propios modelos, y en un año ganó medio millón de dólares. Al año siguiente fundó Polo la marca que tanto nos gusta a muchos.

La fe y la esperanza en un futuro prometedor mantienen a la persona enrumbada hacia un destino de ensueño, por eso este principio es tan importante, quien espera lo mejor tarde o temprano lo mejor llegará a su vida y muchas veces a pesar de sus propios errores. En el caso de Ralph abandonar la universidad pudo haber sido un error imperdonable para muchos, o quizás el no terminar una carrera militar, pero lo cierto es que la persona que se mantiene con fe buscando un gran destino, sus decisiones, aunque en un momento pueden parecer incompresibles, Dios se encarga de darles forma para un gran futuro.

Dice la Sagrada Escritura en Jeremías 29:11 **"Porque Yo sé los planes que tengo para vosotros – Declara el SEÑOR—planes de bienestar y no de calamidad, para daros un futuro y una esperanza"**

Dios tiene preparado lo mejor para nosotros, ese debe ser el epicentro de nuestra fe como hijos del Altísimo.

También dice la palabra de Dios en Mateo 7:11

"Pues si vosotros, siendo malos, sabéis dar buenas dadivas a vuestros hijos, ¿Cuánto más vuestro padre que está en los cielos dará cosas buenas a los que le piden?"

Tenemos un padre amoroso y eterno dispuesto a ayudarnos en nuestros proyectos, y lo único que pide de nosotros es que nos acerquemos a Él con fe.

Dios anhela nuestro crecimiento y bienestar, y la fe es la llave que abre la puerta de su favor y misericordia, si, así como lo lees, esa convicción interna que te hace sentir que vas a conseguir en Dios lo que te propones hace que lo consigas.

A Dios le gusta que le agradezcamos por adelantado como si tuviésemos lo que queremos, eso para Él es tu más grande muestra de fe, dale gracias con una confianza como si ya lo hubieses conseguido y toma la actitud como si estuvieses disfrutando de ello. No sé cuál es tu sueño si ser concertista, deportista, empresario, ingeniero, escultor, presidente, abogado, pastor de verdad no lo sé.

Pero Dios sí, porque ese anhelo Él lo colocó en tu corazón, el mundo tenía muchas camisas, pero necesitaba unas Polo como las de Ralph Laurent, Dios tomó lo que el mundo pudiese llamar las equivocaciones de Ralph y le hizo uno de los diseñadores más grandes de nuestra época.

El mundo está lleno de hombres como Cristóbal Colón y Ralph Laurent, la única diferencia, es que no todos alimentaron sus sueños y su fe, la persona que no alimenta su fe siempre termina rindiéndose.

A continuación, te voy a dar algunos tips para que tu fe aumente cada día.

- Lee Buena Literatura mínimo 30 minutos cada día (ejemplo la Biblia y otros libros de Motivación)

- Busca estar con personas que te ayuden a que tu fe crezca

- Ten un mentor, no andes por la vida solitario, te ahorras muchos tropiezos si preguntas a las personas correctas

- Comparte tus sueños con las personas correctas, nunca con gente envidiosa ni con copiones. Ten mucho cuidado con esto

- Lee historias y biografías de personas que se desarrollaron en el área de tu preferencia

- Asiste a conferencias motivacionales, sobre todo en las que los oradores te enseñen a desarrollar tu fe en Dios

- Dale gracias a Dios cada día como si ya tuvieses lo que estás buscando

- Habla con Dios cada día en Oración

Recuerda LA BASE DE NUESTRO CRECIMIENTO ES NUESTRA FE Y NOS ACERCAMOS O NOS ALEJAMOS A LO QUE QUEREMOS, EN LA MISMA MEDIDA QUE NUESTRA FE CRECE O SE DESVANECE.

Principio 9

Pureza De La Mente

"Hoy estás donde tus pensamientos te han traído, mañana estarás donde tus pensamientos te lleven"
James Allen

Nuestra vida se dirigirá como si fuese un proyectil, hacia donde se dirijan nuestros pensamientos. Tu vida es la sumatoria de todos tus pensamientos, lo que has estado pensado de algún tiempo para acá produjo mucho de los resultados que estás teniendo.

Cuando hablo de la pureza de la mente, me refiero a la importancia de mantener en tu mente la información y los pensamientos correctos, una mente con pensamientos puros y de paz le transmite a tu cuerpo sensaciones de paz, tu cuerpo, tus finanzas, tus relaciones se van a trasladar a lo que estás pensando.

La Biblia dice en Proverbios 23:7

"Pues como piensa dentro de sí, así es"

Pensamientos de éxito traerán a tu vida resultados de éxito, si piensas que vas a ganarle al juego de la vida sin duda lo vas a lograr, pero perder antes de arrancar es llegar de último aún sin competir.

Los grandes entrenadores de cualquier disciplina deportiva saben que la preparación mental es casi tan importante como la física, tener la mente pura es estar libre de todo pensamiento que mantenga tu vida presa o inmóvil, por ejemplo, recuerdos que provoquen ira o rencor hacia alguien, por algo que hayas padecido hace tiempo con un familiar cercano como tu esposa, tus hijos o algún amigo. Otras cosas como la pornografía, las drogas y el alcohol no le permiten a tu vida desenvolverse en libertad.

Mantener tu mente pura debe ser una prioridad en tu vida, es una necesidad vital para poder ganar y ser próspero.

Toda gira en torno a ello, no te podrás enfocar, ni desarrollar fe, ni disciplina si no desarrollas los pensamientos de disciplina, enfoque y fe. La historia del deporte y las finanzas está colmada de hombres que lo perdieron todo por una vida de pensamientos impuros.

Actores famosos han sido acusados de violación, tráfico de drogas y muchas cosas más. Ellos han perdido todo por un momento de debilidad, producto de los pensamientos que permitieron que se anidaran en su mente y corazón, durante el tiempo suficiente para causar los resultados que finalmente obtuvieron.

Los pensamientos son como semillas que siembras en el jardín de tu mente, si son de prosperidad, amor, fe y paz es obvio que vas a cosechar ese tipo de frutos. Este principio es igual al que se aplica para la agricultura, si siembras una planta de uvas no puedes esperar peras. De igual manera si siembras pensamientos de alegría no vas a cosechar tristezas.

Todas tus emociones son el resultado directo de tus pensamientos. Hay gente que tiene mucho dinero y vive deprimida, y hay gente que con menos es más feliz. La ansiedad, el estrés y la depresión tienen su asidero en nuestros pensamientos, todo nuestro ser va a responder a lo que estamos pensando.

La Biblia habla de tener la mente de Cristo, y tener la mente de Cristo es precisamente tener la mente pura. Es pensar siempre el bien, es ponerse en el lugar de la persona que ofende cuando recibes una ofensa. Es pensar como Jesús lo haría.

Jesús fue un ejemplo viviente, nunca permitió que la amargura y el enojo se anidaran en su mente y corazón, cuando le crucificaron dijo "perdónalos, padre porque no saben lo que hacen", para mi ellos sabían lo que hacían, estaban asesinando a un hombre creyéndolo culpable sin tener una sola prueba. Pero gracias al cielo que Jesús tenía la mente pura, el odio y el rencor nunca entraron a su vida.

En su relación con Judas, aunque discernía que iba a ser traicionado, nunca hubo una muestra de odio, nunca hubo un rechazo. La vida de Jesús fue el resultado de que sus pensamientos eran controlados por el Espíritu Santo, siempre pensaba en amor y fe, esperaba lo mejor y sigue esperando lo mejor de ti y de mí.

Pero esta forma de pensar es resultado de lo que Él permitía que entrara en su mente y bajara a su corazón, lo que permites que entre en tu mente mucho tiempo se anida en tu corazón (alma) y luego sale por tu boca, en una oportunidad Jesús dijo en Mateo 15:18-20

"Pero lo que sale de la boca, del corazón sale; y esto contamina al hombre. Porque del corazón salen los malos pensamientos, lo homicidios, los adulterios, las fornicaciones, los hurtos, los falsos testimonios, las blasfemias. Estas cosas son las que contaminan al hombre"

En varias oportunidades dice la Biblia que Jesús discernió las malas intenciones del corazón de algunas personas mal intencionadas que le rodeaban, sin embargo; Él mantenía su corazón y su mente puros y libres de odio.

"Alimentad el espíritu con grandes pensamientos. La fe en el heroísmo hace los héroes"
Benjamín Disraeli

Debemos mantenernos libres de la envidia, la codicia, la avaricia, los deseos desenfrenados y el mal hábito de siempre recordar las malas experiencias. No podemos transitar la carretera de la vida mirando siempre el retrovisor estrellándonos siempre con el mismo recuerdo. No podemos cambiar el pasado, pero si podemos mejorar nuestro futuro controlando lo que pase hoy por nuestra mente.

La Palabra de Dios declara en Filipenses 4:8

"Y ahora, amados hermanos, una cosa más para terminar. CONCÉNTRENSE EN TODO LO QUE ES VERDADERO, TODO LO HONORABLE, TODO LO JUSTO, TODO LO PURO, TODO LO BELLO Y TODO LO ADMIRABLE. PIENSEN EN COSAS EXCELENTES Y DIGNAS DE CONFIANZA"

El apóstol Pablo dice claramente en el versículo anterior que tipo de cosas debemos colocar en nuestra mente, y la palabra clave del verso es (CONCENTRACIÓN) y dice que nos concentremos en cosas excelentes y dignas de confianza. Es posible que en cualquier momento venga a tu mente un mal pensamiento, pero es tu decisión que se quede allí (TE CONCENTRES EN ÉL) o lo eches fuera (LO SACAS DE TU ENFOQUE PRINCIPAL).

Todas las malas acciones empiezan en la mente, un gran ladrón fue primero alguien que pensó en tomar un lápiz ajeno en el colegio, lo tomó, y luego decidió no devolverlo, una pequeñez que luego se puede convertir en una estafa multimillonaria o un robo a un banco.

La Biblia narra la historia de un joven llamado José, lo destaca como un gran soñador.

Un día José tuvo un sueño y en él se veía a sí mismo con una gran prominencia política, rico y próspero gobernando aún a su familia. Esto se lo cuenta a sus hermanos y ellos por envidia lo traicionan y lo venden como esclavo.

Él pasa por procesos muy fuertes en su vida, fue traicionado, vendido, esclavizado, oprimido, seducido, acusado falsamente y encarcelado. Pero tenía una cualidad muy hermosa y era que él mantenía en su mente y corazón pensamientos que siempre le permitían salir adelante. Su actitud ante la vida y la capacidad de no dejar de soñar frente a las circunstancias adversas lo llevaron a la cima.

José mantenía en su mente los pensamientos correctos y a pesar de sufrir muchas vejaciones y traiciones EL FABRICÓ UN FUTURO PROMINENTE EN SU MENTE Y CORAZÓN, PINTÓ UN PARAÍSO Y LUEGO FUE A VIVIR EN ÉL.

Al igual que José es menester nuestro, preparar nuestra vida para el éxito desde nuestros pensamientos, la mente se alimenta a través de nuestros sentidos. Lo que vemos, oímos, tocamos y hablamos produce un impacto en nuestra mente y corazón.

Imagina que tu mente es una computadora, cada mal pensamiento es como un virus que va distorsionando su correcto funcionamiento, al igual que la computadora nosotros podemos decidir qué clase de programas le vamos a incluir y si vamos a procesar todo antes de que entre.

La buena literatura, el leer la palabra de Dios, el escuchar audios que te motiven y te llenen de fe es la forma como podemos programarla. Dice la palabra de Dios que las malas conversaciones corrompen las buenas costumbres, esto es real, debes chequear si las conversaciones que escuchas o los programas que ves, te ayudan a crecer o simplemente te hacen perder el tiempo en cosas banales.

Lo que no te edifica no es digno ni de tu tiempo y ni de tu atención, a veces edificando a otros y elogiándolos es la mejor forma de ayudarnos a crecer a nosotros mismos, es como una retroalimentación porque lo que sembramos lo cosechamos.

Una mente tranquila siempre se convierte en buenas decisiones y paz, esto tiene mucho poder para conseguir tus sueños. La Biblia dice en Isaías 26:3

"Tú le das paz a los que se mantienen pensando en ti, porque en ti han puesto su confianza. Confía siempre en el SEÑOR, porque el Señor Dios es Refugio Eterno"

Mantener nuestra mente meditando la palabra de Dios es una fuente de energía y pensamientos puros y llenos de fe, es normal que leas el diario o periódico, pero mantener en tu mente malas noticias es como agregarle gasolina sucia a un motor, si va a arrancar, pero con fallas.

Te doy un consejo, evita mirar malas noticias, si llegase a ocurrir algo muy grave, te aseguro que te vas a enterar. Las malas noticias vuelan, pero deja que sea otro el que se envenene la mente, procura no hacerlo tú. Esto suena un poco egoísta, pero es la verdad, en otra parte dice la Sagrada Escritura en el Salmo 1:2-3

"Sino que en la Ley del Señor (Biblia), se deleita, y de día y de noche medita de en ella. Es como árbol plantado a la orilla de un río que, cuando llega su tiempo da fruto y sus hojas no se marchitan ¡TODO CUANTO HACE PROSPERA!"

EL SECRETO PARA PROSPERAR EN TODO ES MANTENER NUESTRA MENTE IMPREGNADA CON LA PALABRA DE DIOS, también dice en Josué 1:8

"Nunca dejes de leer el libro de la Ley (BIBLIA); estúdialo de día y de noche, y ponlo en práctica, para que tengas éxito en todo lo que hagas"

Recuerda: LA BIBLIA ES EL SEMILLERO DE EXCELENCIA Y BUENOS PENSAMIENTOS MÁS GRANDE QUE EXISTE EN EL MUNDO, SI DE VERDAD QUIERES MANTENER TU MENTE PURA, Y LIMPIA, Y QUIERES QUE TODO TE SALGA BIEN, MANTÉN TU MENTE LLENA DE LA PALABRA DE DIOS, LO DICE EL CREADOR DEL ÉXITO, JESÚCRISTO.

Principio 10

Identidad.

La palabra Identidad viene del latín iden-
titas, y no es más que el conjunto de rasgos propios
del carácter y la personalidad de cada persona y sus
orígenes. En otras palabras, es saber quién eres, de
dónde vienes, QUE ERES.

Para darte un ejemplo, tú eres ciudadano de un
país, pero por muy ciudadano que seas, tú no puedes
transitar libremente por él a menos que tengas lo que
llaman cedula de identidad, pasaporte de identidad, o
simplemente el documento de identidad.

Eso es único, solo puedes tener uno, no existe otro
igual a menos que sea una copia y para que la misma
tenga validez debes comprobar que tienes el original.
Tener identidad es precisamente saber y tener establecido quién eres tú y de dónde vienes.

Este principio es muy importante, se refiere a
estar muy claro de los derechos, privilegios, talentos
y responsabilidades que tiene saber quiénes somos.
Si te pregunto ¿de dónde vienes?, ¿porque eres

importante?, ¿Cuánto vales? Y me contestas no sé depende cuanto quiera pagarme mi jefe o, no lo sé mi papá y mi mamá tuvieron relaciones y aquí estoy, o fue pura casualidad mis padres no me planearon. Si contestas de esa forma, en realidad es porque no sabes de dónde vienes, el objetivo de este principio es reforzar aspectos que ya conocíamos de nosotros, además de conseguir la identidad que necesitamos tener.

Lo primero que debes saber es que fuiste PLANIFICADO, DISEÑADO, CREADO, Y ESTABLECIDO PARA UN GRAN PROPOSITO. Pero para conocer e internalizar esto, Dios es no solamente necesario sino VITAL.

El principio de tener una identidad completamente real, sana y verdadera es incluir a Dios en el origen de tu vida, tus antepasados y el principio de la existencia ¿Por qué?, Porque si te aferras a cualquier otra creencia que excluya a Dios como creador, vas a perder toda tu verdadera identidad.

Hoy hay muchas creencias erróneas como la panspermia, que dice que fuimos gérmenes distribuidos por todo el espacio que llegaron a la tierra y cobraron vida, o la generación espontánea según la cual los seres vivos nacen de la tierra o de cualquier otro medio inerte, o la teoría de los cristales de arcilla que dice que los precursores de la vida tal y como la conocemos fueron cristales de arcilla microscópicos, que se reprodujeron por el simple crecimiento de sus cristales, o la teoría de la explosión, o la tan sonada evolución que reduce al hombre a la forma de un animal que evolucionó hasta hacerse inteligente, o que nos colocó en esta tierra un ser extraterrestre para hacer sus experimentos, o que venimos de una gran explosión cósmica, pues déjame decirte que TODAS ESAS TEORIAS SON UN GRAN DISPARATE.

Todas las teorías creadas por el hombre o imaginadas por el hombre, lo único que han logrado es crear un gran vacío en su propia identidad.

La ciencia lo ha corroborado, SOLO LA VIDA PUEDE PRODUCIR VIDA, los objetos inertes eternamente serán inertes, a menos que algo vivo e inteligente aplique algún tipo de fuerza o energía que produzca un cambio. Eso solo lo hace El Creador. Cuando no había nada entonces ¿que explotó?, ¿cómo se llaman esas partículas?, ¿de dónde vienen?, ¿quién las hizo?, ¿los cristales de arcilla que forma tenían?

La ciencia solo ha corroborado que DIOS ES EL CREADOR ABSOLUTO DEL UNIVERSO Y TODO LO QUE EXISTE INCLUYENDOTE A TI Y A MI.

"A falta de toda prueba, el dedo pulgar por sí solo me convencería de la existencia de DIOS"
Isaac Newton

Tu origen está en Dios y eres parte de un plan, tu vida, comienza en Dios y radica en que fuiste muy bien pensado y planeado, puede que no te guste la forma como llegaste al mundo, pero eso también fue planificado por Dios. El Salmista en una oportunidad escribió en el Salmo 139:13-16

"Porque tu formaste mis entrañas (DIOS ES TU CREADOR); me hiciste en el vientre de mi madre. Te alabaré, porque asombrosa y maravillosamente he sido hecho (ERES ESPECIAL Y ÚNICO); maravillosas son tus obras y mi alma lo sabe muy bien (TIENES IDENTIDAD). No estaba oculto de ti mi cuerpo, cuando en oculto fui formado, y entretejido en las profundidades de la tierra. Tus ojos vieron mi embrión (ERES CUIDADOSAMENTE DISEÑADO), y en tu libro se escribieron todos los días que me fueron dados, cuando no existía ni uno de ellos (DIOS ES QUIEN TIENE ESTABLECIDO UN PLAN PARA TI)"

La expresión del Rey David es la de una persona que tiene muy claro su valor e identidad, conoce su origen, y al conocerlo, su sistema de valores interno y su autoestima tiene una base muy sólida y firme. Como hijos de Dios y también como criaturas de Dios, somos importantes y muy especiales, ciudadanos de un Reino Eterno.

Nuestra identidad está en Dios y en su amor para con nosotros, y todos en esta vida necesitamos estar claros en esto. Al mismo Señor Jesucristo le fue necesario escuchar de su propio padre celestial que era un hijo muy amado por Dios mismo. En el libro de Mateo 3:16-17 dice:

"Después de ser bautizado, Jesús salió del agua inmediatamente; y he aquí, los cielos se abrieron, y

el vio al espíritu de Dios que descendía como una paloma y venía sobre Él. Y he aquí SE OYÓ UNA VOZ DE LOS CIELOS QUE DECÍA: ESTE ES MI HIJO AMADO EN QUIEN ME HE COMPLACIDO"

Lo que el padre hizo con Jesús fue darle identidad, seguridad, convicción de amor y fe. El Padre quería estar seguro de que Jesús supiera que Él era su padre que lo amaba mucho y que estaba contento con su existencia.

Eso se llama dar identidad, el padre le dio a Jesús con esas palabras todo lo que necesitaba, a pesar de lo que enfrentara Jesús, ÉL SABIA QUIEN ERA, DE DONDE VENÍA Y LO IMPORTANTE QUE ERA. Él sabía que su propósito venía de Dios, su vida estaba en las manos del Padre y eso le daba la AUTOCONFIANZA SUFICIENTE para lograr sus objetivos.

Este principio como te dije es vital para el éxito, necesitamos saber que somos creados, pensados y amados por Dios para un gran propósito.

Dice la Biblia en Efesios 2:10 que fuimos creados por Dios para un gran propósito ya planeado por Él.

"Nosotros somos creación de Dios. Por nuestra unión con Jesucristo, nos creó para que vivamos haciendo el bien, lo cual ya Dios había planeado desde antes"

Tu verdadera identidad y la mía, radica en que somos HIJOS AMADOS DE DIOS, creados para un GRAN PROPOSITO, y el más interesado en que logremos nuestros sueños es ÉL MISMO DIOS, somos ciudadanos embajadores de su reino.

Jesús es nuestro hermano mayor y nuestro modelo para seguir, Él dijo que separados de Él no podríamos hacer nada, pero a su lado todas las cosas son posibles. Dios te ama y te necesita en su equipo porque allí vas a ganar.

Saber que somos hijos de Dios por la fe y conocer ese amor tan grande que tiene por nosotros Jesucristo, el cual se dio a sí mismo en la cruz por nuestros pecados es muy importante.

No estamos solos Él va delante de nosotros, tienes su compañía en cada paso que das, y está dispuesto a dotarte de todo lo que necesites para triunfar. La Biblia dice en Romanos 8:32

"El que no escatimó ni a su propio hijo, sino que lo entregó por todos nosotros, ¿Cómo no nos dará también con ÉL todas las cosas"

Todo lo que necesitas está en Dios, el éxito es posible a su lado, con Él y para Él. Cuando venga algún revés a tu vida, saca tu ID, tu Documento de identidad en Dios.

Tú sabes quién eres y lo que Dios colocó en tu corazón, y lo verás realizado porque tienes todo el apoyo del cielo para realizarlo y con eso vas a conseguirlo.

Nunca te sientas amilanado, nunca te sientas solo, ni acorralado porque en Dios siempre vas para adelante. Como todo, tendrás tu proceso de aprendizaje en algún momento, pero al final vas a llegar donde ya Dios planificó que llegarás.

Dice 1era de Pedro 2:9

"Pero ustedes son una FAMILIA ESCOGIDA, un SACERDOCIO AL SERVICIO DEL REY, una NACIÓN SANTA, un PUEBLO ADQUIRIDO POR DIOS. Y esto es así PARA QUE ANUNCIEN LAS OBRAS MARAVILLOSAS DE DIOS, el cual LOS LLAMÓ A SALIR DE LA OSCURIDAD PARA ENTRAR EN SU LUZ MARAVILLOSA"

Cada vez que un hijo de Dios consigue sus sueños, anuncia las obras de Dios. Cada vez que hay un empresario exitoso, un pastor excelente, un músico maravilloso o un médico que ama a sus pacientes y profesión, ESTÁ ANUNCIANDO LAS OBRAS DE DIOS. Nacimos para brillar con la luz de Jesucristo ese es nuestro fin, y con su ayuda podemos hacerlo.

Recuerda: ERES HIJO DE DIOS, CIUDADANO DE SU REINO. CON ÉL LO TIENES TODO. ESA ES TU IDENTIDAD.

Principio 11

Originalidad Y Autenticidad (Esencia)

"El escritor original no es aquel que no imita a nadie, sino aquel a quien nadie puede imitar"
René De Chateaubriand

Todas las copias son baratas, por eso son copias. Todo lo que realmente tiene valor es en sí original, si tomas un billete de cien dólares y le sacas 10 copias sigues teniendo el mismo billete de cien dólares y otras diez copias con las cuales lo único que puedes hacer es una fogata.

La originalidad vale mucho dinero en cualquier disciplina, en el comercio puedes imitar algunas cosas de otros comerciantes, pero en el fondo tienes que ser original, mantener tu esencia, porque si no lo haces lo único que vas a lograr es hacer más reconocida a la competencia. Las copias solo existen para comprobar la existencia de algo que es original.

Recuerdo cuando estaba en la escuela, había un amigo que era muy fanático del basquetbolista Michael Jordán, se copiaba desde la forma de vestirse hasta la forma de caminar. Un día estábamos jugando baloncesto, y le tocó a él un pase muy importante, lo tomó y se adelantó al aro de la misma forma que lo hace Michael, utilizando la misma gesticulación de su cara sacó la lengua, para su sorpresa un jugador del equipo contrario que lo marcaba sin intención aparente le golpeó la barbilla y el cerró su boca mordiendo fuertemente su lengua. Salió corriendo al baño con la boca ensangrentada y con la intención de más nunca volver a copiarse de su gran ídolo.

Suena muy chistoso pero esa historia esconde una gran verdad, copiarse todo no es buena idea. En la palabra de Dios en 1era de Corintios 11:1 el apóstol Pablo dice

"Sed imitadores de mí, así como yo soy de Cristo"

En esta ocasión el Apóstol Pablo se coloca como un ejemplo a seguir, dice que lo imiten a él, en su forma de llevar la vida cristiana con humildad procurando siempre el crecimiento de sus discípulos o seguidores, dice que el imitaba en eso a Cristo, pero Pablo en esencia era original, tenía una forma única de predicar, hizo cosas que Jesús no hizo, milagros en el nombre de Jesús, pero diferente a Jesús.

Pedro otro de los apóstoles de Cristo pasaba por el lado de la gente y su sombra producía milagros, Dios les usaba a ambos, pero de forma distinta. Pablo en una oportunidad tomó unos pañuelos y los ungió, Jesús también tomó barro para sanar ojos a un ciego.

No me imagino a Jesús obligando a todos sus discípulos a hacer las cosas exactamente igual a Él, Lucas era un gran maestro sus cartas se diferencian de las de los demás. Cada escritor en la palabra de Dios es diferente, aunque todos imitaban a Jesús.

Todos llevaban el Evangelio de Salvación, pero nunca igual a los demás o por lo menos no abandonaron nunca su sello personal. Cuidemos esto en cada cosa que emprendamos. NACEMOS ÚNICOS debemos permanecer así.

Hay hombres en la vida que te pueden inspirar y los puedes imitar, pero lo que nunca debes hacer es perder tu esencia. La esencia es eso que te separa de los demás, te identifica y te hace único, ese es tu sello personal. Los grandes deportistas, músicos, empresarios siempre reciben influencia de otros que ya han llegado lejos, son sus mentores, pero saben que pueden imitar el proceso, pero nunca perder la esencia de quienes son ellos mismos. El jugador de futbol Leonel Messi, dice que ha sido muy influenciado por otro deportista llamado Diego Armando Maradona, pero Messi sigue siendo Messi.

Su juego en la cancha solo es de él, los copiones no llegan muy lejos, él lo sabe y su forma de ver la vida y el juego permanece intacta en el tiempo.

Dios quiere que seas único, original y diferente, quiere que imites a Jesús, pero te mantengas original,

¿Qué significa esto? Que el Espíritu Santo trabaja con tus dones bajo la influencia de Jesús, pero de una forma única porque tú eres tú.

No existe otro igual, te pongo otro ejemplo, el famoso pintor Pablo Picasso recibió mucha influencia de otros pintores, pero los analistas saben reconocer una imitación de un original, porque una pintura hecha por su propia mano, aunque sea Cubista, Impresionista, Surrealista o Modernista tiene rasgos que son únicos y solo pueden ser de este pintor.

Lo que sea que tu hagas, puedes estar bajo la influencia de alguien a quien tu consideres un maestro, pero lo que haces tú, debe tener un toque que sale de adentro de ti, eso debe ser tu marca personal, al igual que lo era la forma de pintar de Picasso.

Por ese motivo seguía siendo Picasso y no otro, era original y hoy día muchos le copian su estilo, pero solo hay un Picasso y sus pinturas y esculturas valen millones.

"Quien es auténtico, asume su responsabilidad
por ser lo que es y se reconoce libre de ser
lo que es"
Jean Paul Sartre

Este principio hace que músicos y cantantes también se destaquen, Frank Sinatra influyó mucho en algunos cantantes modernos, por ejemplo, el cantante mexicano Luis Miguel, pero Luis Miguel tiene su estilo propio y es auténtico, se destaca en lo que él hace, su forma de moverse en el escenario y su voz tienen un sello personal incomparable. No hay otro Luis Miguel, puede que haya cantantes que tengan un timbre de voz similar o se parezcan físicamente, pero siempre se oirá el mismo comentario, "se parece a Luis Miguel", o "canta como", o "baila como", PERO NO ES ÉL.

Muchos empresarios y pastores fallan en este principio y copian patrones, modelos o ideas que Dios les indicó a otros y los adaptan como si fuesen una verdad única.

Sí, podemos permitirnos el ser enseñados, influenciados y dirigidos por alguien que ya tiene algo de lo que nosotros queremos, pero el problema radica en el mensaje que envía el líder a su gente, cada vez que copia todo exacto y pierde su esencia, pierde su historia y cuando lo hace, la gente termina rechazando eso porque ven a su líder como un copión, se resisten a cambiar porque no sienten que sea de su líder la orden sino de otro, es un mensaje inconsciente que se transmite, en otras palabras es como si se les dijera otro me está gobernando no confió en mí y por eso aquí traigo esta otra idea, y si él no confía en el mismo ¿porque lo haremos nosotros sus seguidores? no lo dicen pero reciben el mensaje indirecto.

Podemos imitar cosas de personas dignas, pero cuidando nuestra esencia e historia, gustos personales y formas de ver la vida como organización y como personas individuales.

Una persona autentica y original, forja con la ayuda de Dios su propio destino, no deja que su sentido del placer y la satisfacción lo dicten las opiniones de otros, consigue ser libre para seguir sus propios instintos y trazar su propio camino, sabe quién es y no pretende convertirse otro, las decisiones que toma en su vida salen del Espíritu Santo en su interior, de su cabeza, de su corazón, de sus propios principios y valores personales.

Hará lo que cree que es correcto para sí, y no se verá paralizado por el hecho de tener miedo de que a otra persona no le guste, o no crea en lo que hace.

Dice en 1era de Pedro 4:11

"Si alguno sabe hablar bien, que anuncie el mensaje de Dios. Si alguno sabe cómo ayudar a los demás, que lo haga con la fuerza que Dios le da para hacerlo. De este modo, todo lo que ustedes hagan servirá para que los demás alaben a Dios por medio de Jesucristo, que es maravilloso y poderoso para siempre. Amén."

Jesús está extremadamente interesado en que seas tan original como Él. Tu siendo Tú impactarás al mundo, porque Dios colocó en tu vida un tesoro que tiene TU MARCA Y TU SELLO.

RECUERDA: LA ORIGINALIDAD SE BASA EN LA CONFIANZA PLENA EN TI MISMO, NADIE TIENE LA VERDAD ABSOLUTA ACERCA DE ALGO, NI TAMPOCO LA ÚNICA Y PERFECTA FORMA DE HACERLO, SOLO DIOS Y SUS FORMAS E IDEAS QUE SON ORIGINALES PARA CADA PERSONA, SEGÚN TUS DONES, PERSONALIDAD Y TALENTOS. POR ESO CONSERVA TU ESENCIA. SÉ ORIGINAL

Principio 12

Relaciones

"Sé amable con todos, sociable con muchos, intimo con pocos, amigo de uno, y enemigo de nadie"
Benjamín Franklin

Sabes algo, ESTAS RODEADO DE PERSONAS, siempre lo vas a estar, y si no lo quieres así puedes empezar buscando una isla y quedarte a vivir allí como un náufrago. Pero Dios no quiere eso, nos hiso seres relacionales, le permitió a la raza humana crecer, expandirse, y una de las primeras ordenes de Dios al hombre fue de MULTIPLICARSE, es decir; cada vez veras a tu alrededor más gente.

Pero la gente tiene sentimientos, y responde favorable o desfavorablemente a estímulos que empujan sus emociones. Para lograr tus sueños vas a necesitar incluir a personas. Una empresa está compuesta por presidente, vicepresidente, gerentes, administradores, profesionales, secretarias, obreros y TODAS ESTÁS SON PERSONAS.

Una iglesia, un equipo deportivo o de ventas, una universidad, organización todo en esta tierra las necesita, tu trato con ellas influirá directamente en la medida de tu éxito.

Dios dijo que debíamos amar a nuestros semejantes como nos amamos a nosotros mismos, esto es vital en las relaciones humanas. Lo que tú quieres para tu vida debes sembrarlo en los demás, si quieres aprobación debes sembrar aprobación, si quieres respeto debes respetar, si quieres amor debes darlo también, todos los sentimientos que vienen a tu vida muchas veces tú mismo los has sembrado.

Cada persona tiene lo que llamamos intereses personales, gustos, pasiones y anhelos. Y mientras más los respetemos y exaltemos, mejor serán nuestras relaciones interpersonales.

"La tecnología reinventará los negocios, pero las relaciones humanas seguirán siendo la clave del éxito"
Stephen Covey

Si quieres ser un imán que atrae personas, busca siempre exaltar las virtudes de la gente, nunca los critiques por tonterías o pequeñeces, no los condenes, busca valorar siempre las cosas que ellos más valoran, sus hijos, su familia, su deporte favorito, siempre lo que ellos más aman y se te abrirán muchas puertas.

Dios mismo espera eso de ti, para acercarte a Él tienes que valorar su más preciado tesoro que es su hijo Jesucristo. Cada persona tiene algo que es como una llave que abre la puerta de su amistad, y encontrar y valorar lo que más valora esa persona, esa es la llave.

Los elogios, una actitud sonriente, el SER AGRADECIDO, porque no es lo mismo decir gracias que demostrar que estás agradecido con alguien. Demuestra siempre que valoras cada favor que te hacen, deja a cada persona que te sirve en algo con el anhelo de volverlo a hacer, que valió la pena.

Lo peor que puedes hacer es pagarle a alguien mal cuando te hayan hecho bien, eso jamás lo hagas, si lo haces automáticamente se te cerrará una puerta y no sabrás que tan importante era, hasta que vuelvas a necesitar de esa persona.

Las relaciones humanas sanas tienen mucho que ver con el valor que les damos a los demás, si no nos valoramos a nosotros mismos jamás vamos a poder valorar a los demás, sino somos positivos y optimistas con nuestra propia vida, no podemos serlo con la de nuestros semejantes.

Todos queremos estar con personas positivas, amables, respetuosas, agradecidas y confiables, si queremos gozar de buenas y duraderas relaciones debemos convertirnos en ese tipo de personas con las cuales anhelamos estar.

Si tenemos problemas para gozar y mantener relaciones interpersonales sanas, debemos poner atención y procurar mejorar en este aspecto porque de no hacerlo traeremos a nuestras vidas muchos problemas en otras áreas.

Si observas bien la gente que te rodea, tus amigos más cercanos e íntimos todos se parecen a ti, tienen una posición económica y social muy parecida. Te pareces a quienes más frecuentas, ¿quieres prosperar? ¿Quieres crecer en tu economía? ¿Quieres un mejor trabajo?, entonces necesitas relacionarte con ese tipo de personas, ¿Criticas mucho? ¿Te sientes ansioso con frecuencia? Entonces rodéate de personas seguras de sí mismas.

Así es la vida sé feliz y atraerás personas felices, próspero y atraerás personas prósperas, agradecido y te rodearás de favor por todos lados. Esta premisa se cumple siempre, conviértete tú en cómo quieres que tus amigos sean contigo.

Dice la Biblia en Proverbios 18:24

"El hombre que tiene amigos debe ser amistoso, y amigos hay más unidos que un hermano"

Ten siempre en mente lo siguiente, la persona más importante para la persona que tienes a tu lado no eres tú, es ella misma, y el nombre más importante que se sabe no es el tuyo es el de ella misma también, te vas a ahorrar muchos sin sabores si entiendes esto. A la hora de establecer una relación, lo primero que tienes que hacer si quieres gozar de buenas relaciones con él o ella es valorar lo que más valora, que es a ella misma.

Cuando quieras hacerte más amigo de alguien, la forma más fácil es indagar que es lo que más le gusta, le preocupa o le hace feliz y conversa acerca de ello. Lo que a ti te gusta es muy importante, pero si de verdad quieres influir tienes primero que descubrir que es lo que a esa persona le importa, y apuntar tus conversaciones y estímulos en esa dirección.

Acepta las opiniones diversas, acepta la gente como es, haciendo esto les ayudarás a cambiar. Jesús esto era precisamente lo que hacía, jamás juzgo a quienes se le acercaban buscando ayuda, simplemente los amaba, respetaba y buscaba la forma de serles de influencia, no ha existido hombre en la tierra más influyente que nuestro Señor Jesucristo.

Acepta a la gente como es y valora lo que hacen, valora sus anhelos, su familia, sus sueños, su trabajo y exalta siempre sus virtudes, elógialos y se siempre sincero de una forma educada, que busque el crecimiento de ambos.

Cuando te fallen, algo que va a ocurrir, tómatelo de lo más normal. Porque es mejor dar sin esperar recibir, solo espera de Dios Él nunca te va a fallar, pero los hombres somos tan imperfectos que a veces queriendo agradar desagradamos, es normal en la raza humana que nos fallemos unos a otros, y la cura para ello es el perdón.

Nunca vayas a tu cama y menos permitas que amanezca y tú tengas algún rencor hacia alguien, eso es fatal para ti. Muchas veces la persona que hace el daño ni se acuerda, o se lo toma normal y duerme como un bebé mientras el afectado, ni duerme pensando en ello. La Biblia dice en Efesios 4:16

"Enójense, pero no pequen; reconcíliense antes de que el sol se ponga"

Una mente y un corazón tranquilo valen mucho, para entender al hombre hay que entender que es un hombre, un gran cumulo de fallas, actuemos lo más parecido al hombre más influyente de la historia. Sabe que vamos a fallarle y no es problema para Él, espera lo mejor de nosotros, nos elogia, nos respeta, cree en nosotros y nos ama. Ve y haz tú lo mismo y ganarás buenos amigos, socios, feligreses, compañeros de equipo y todo lo que tú quieras.

Recuerda: PARA LA PERSONA QUE ESTÁ A TU LADO LA PERSONA MAS IMPORTANTE DEL MUNDO NO ERES TU, ES ELLA MISMA. SI QUIERES GOZAR DE BUENAS RELACIONES CON ELLA E INFLUIRLE, RESPÉTALE Y VALORA LO QUE ELLA VALORA.

Principio 13

Persistencia

"Nada en este mundo puede tomar el lugar
de la persistencia. El talento no lo hará. Nada
es más común que los hombres sin éxito y
con talento. Los genios tampoco. Los genios
no recompensados es casi un proverbio. La
educación tampoco. El mundo está lleno
de negligentes educados. La persistencia y
determinación son omnipotentes"
Calvin Coolidge

Este principio es la prueba fundamental de que
se está fielmente comprometido a una causa, un sueño
o algo que verdaderamente se anhela. Muchas veces
este principio es la diferencia entre el éxito y el fracaso,
la diferencia entre llegar o desistir cuando ya estás a
punto de alcanzar tus metas.

También forma parte del carácter mismo de Dios,
si algo tiene el creador es que no sabe rendirse, Dios

no conoce la palabra "desistir", Él es un ganador por naturaleza, los ganadores son los que nunca se rinden.

Todo logro o sueño alcanzado que realmente haya valido la pena, pasó por esa etapa donde todo parece en contra, gracias a Dios por la gente que persiste. Esa gente terca que no depende de lo fácil o difícil que sea sino de su convicción y sus sueños.

Simón Bolívar era un gran estratega político y militar, pero su cualidad personal más importante fue la capacidad de persistir, de no rendirse, y libertó cinco países del continente americano, Tomas Alva Edison el gran científico norteamericano podemos decir que tenía una mente prodigiosa, era un genio, sin embargo; hubo algo más que eso en él, y es mucha paciencia y persistencia.

La historia del desarrollo de la lamparilla es famosa porque Alva Edison contó a quien quisiera escucharlo, que intentó nada menos que mil veces antes de tener éxito.

Abraham Lincoln quien por muchos es reconocido como el mejor presidente que ha tenido los Estados Unidos de Norteamérica. Fue un ejemplo viviente de que cuando el sueño es grande y vale la pena las circunstancias no tienen ninguna relevancia.

A los 7 años tuvo que empezar a trabajar para ayudar al sostenimiento de su familia por haber sido obligados a desalojar su casa. A los 9 años su madre murió, a los 22 años fracasó en sus negocios, a los 23 años fue derrotado en las elecciones de Legislador y no pudo entrar a la Facultad de Derecho, a los 24 años se declaró en bancarrota y pasó 17 años pagando deudas a sus amigos, a los 25 años fue derrotado nuevamente en las elecciones de Legislador, a los 26 años cuando estaba a punto de casarse, su novia falleció y quedó con el corazón destrozado, a los 27 años tuvo una crisis nerviosa y pasó 6 meses en cama, a los 29 años fue derrotado en las elecciones para Representante del Estado, a los 31 años no pudo formar parte del Colegio Electoral, a los 34 años derrotado en las Elecciones al Congreso, a los 37 años derrotado nuevamente en las Elecciones al Congreso, a los 39 años derrotado por tercera vez en las Elecciones al Congreso, a los 40 años no fue aceptado para un trabajo como alto funcionario de su Estado, a los 45 años derrotado en las Elecciones para el Senado, a los 47 años derrotado en las Elecciones del Partido Republicano para candidato a Vicepresidente del País. (Obtuvo menos de 100 votos.), a los 49 años derrotado nuevamente en las Elecciones para el Senado.

PERO A LOS 51 AÑOS FUE ELEGIDO PRESIDENTE DE LOS ESTADOS UNIDOS DE NORTEAMERICA, el hombre que odió tanto la separación y la esclavitud que persistió hasta ver a los ciudadanos de su país, unidos y libres.

"Recuerda siempre que tu propia resolución
de triunfar es más importante que cualquier
otra cosa"
Abraham Lincoln

El éxito no es la ausencia del fracaso. Es el tener la determinación de nunca darse por vencido, "los que se rinden nunca ganan y los ganadores nunca se rinden."

Lo que sea que te propongas en la vida, cualquiera que sea tu sueño, la única forma de conseguirlo es persistiendo. Una carrera universitaria se consigue persistiendo, estudiando día a día. En nuestras vidas vamos a sufrir reveses, eso es parte del aprendizaje que todos vamos a tener.

El gran Basquetbolista Michael Jordán lo dice claramente en una de sus máximas "He fallado más de 9000 tiros en mi carrera. He perdido más de 300 partidos. En 26 ocasiones me confiaron el tiro ganador y fallé. He fallado una y otra y otra vez en mi vida. Y por eso he tenido éxito".

No existe el fracaso para quien nunca se rinde, solo el aprendizaje, y la posibilidad de volver con más experiencia, determinación y fuerza.

El caricaturista más grande de la historia Walt Disney, vivió en carne propia el rechazo y fracasó en los negocios en varias ocasiones hasta tuvo un ataque de nervios antes de conseguir su éxito.

Enrico Caruso fracasó tantas veces con sus notas altas que su maestro de voz le aconsejó que se diera por vencido. No lo hizo. En su lugar, persevero y se convirtió en uno de los tenores más grandes del mundo. Albert Einstein reprobó matemáticas, Henry Ford estaba en la ruina cuando tenía 40 años, a Demóstenes el gran orador griego su padre se le murió cuando este apenas tenía siete años dejándole una gran herencia, que luego pierde a la edad de 18 años precisamente porque debido a su timidez y tartamudez no la pudo reclamar, fue estafado por su tutor quien lo dejó en la calle y esta situación le llevó a tomar la decisión de no rendirse nunca y vencer su situación.

Demóstenes corría por la playa gritándole al sol para ejercitar sus pulmones, se introducía piedras en la boca y también un cuchillo afilado entre los dientes para forzarse a hablar sin tartamudear, y para vencer su timidez pasaba horas ensayando discursos frente a un espejo e imaginándose frente a una gran asamblea. Vaya que logró su sueño, convirtió sus debilidades en fortalezas, sus discursos quedaron para la historia y se le conoce como EL GRAN ORADOR GRIEGO.

Nuestro Señor Jesucristo el Ganador más grande de todos los tiempos, siendo el dueño del universo, nació en un humilde pesebre, fue rechazado, golpeado, encarcelado, vilipendiado, odiado, engañado y aborrecido.

Sufrió todo lo que ningún hombre ha podido soportar jamás, dice la Biblia en 2da de Corintios 5:21

"Al que no conoció pecado, Lo hizo pecado por nosotros, para que fuéramos hechos justicia"

Jesús persistió en su idea de salvarte y conquistar tu corazón, nunca se rindió y le sobraban razones para hacerlo. El único móvil de Jesús fue el amor que te tenía y te tiene a ti. Si decides no darte por vencido nunca, lo que sea que te propongas lo vas a conseguir.

Recuerda: ES VITAL LA DECISIÓN DE NO RENDIRSE NUNCA, SI EL SUEÑO REALMENTE TE APASIONA Y VALE LA PENA.

PERSISTE, PERSISTE, PERSISTE

Principio 14

La Excelencia

"Somos lo que hacemos día a día. De modo
que la excelencia no es un acto sino un hábito"
Aristóteles

Cuando hablo de excelencia me refiero a
sobrepasar nuestras propias expectativas en la forma
de hacer las cosas, tener estándares de vida con una
superior calidad o bondad y que hagan digno de
aprecio y estima cada cosa que hacemos.

Este principio coloca al hombre común arriba de
las mayorías, del promedio, y cuando lo hace un hábito
se convierte precisamente en un hombre o mujer
excelente (digno de admiración y respeto).

La palabra excelencia viene del Latín Excellentia, y
consiste en dotar de características especiales algo y
hacerlo digno de admiración.

La excelencia en nuestra vida debe tornarse un
hábito, ¿has visto alguna vez como se prepara la visita
de un presidente o alguna figura de renombre? ¿Cómo

los reciben?, ese esmero en preparar o hacer algo es lo que llamo hacer algo con excelencia.

Hacer las cosas con excelencia es dar el extra en lo que hacemos. Según el portal de Wikipedia la Capilla Sixtina, la Basílica de San Pedro la estancia más conocida del Palacio Apostólico de la Ciudad del Vaticano, la residencia oficial del papa. Actualmente es la sede del cónclave, la reunión en la que los cardenales electores del Colegio Cardenalicio eligen a un nuevo papa.

La fama de la Capilla Sixtina no se debe precisamente a que sea la casa del papa, se debe principalmente a su decoración al fresco, y especialmente a la bóveda y el testero, con El Juicio Final, obras ambas de Miguel Ángel Buonarroti.

Pero además de eso ¿Que hace especial la capilla?, sin duda alguna en su techo está plasmada una pintura de mural, cuya historia de su creación ha sido un gran ejemplo de lo que puede hacer un hombre cuando hace algo con pasión y excelencia.

Miguel Ángel no era pintor sino escultor, pero tenía algo que lo colocaba por encima del resto de los artistas, desarrolló la fama de hacer todo con Excelencia, por ello el Papa Julio II creía que Miguel Ángel era capaz de hacer cualquier trabajo y le mandó a pintar el techo de la capilla. "Pero yo no soy pintor," Miguel Ángel le contestó, "soy escultor. Con el pincel he hecho muy poco y ¡quiere Ud. que pinte 1000 metros cuadrados sobre un techo curvo!" "Harás un magnífico trabajo", dijo Julius. "Mi arquitecto Bramante te levantará el andamio."

Miguel Ángel se fue a su casa con gran preocupación y desánimo. Era un hombre ambicioso, pero el Papa le estaba pidiendo un milagro.

Si fracasaba, todos sus errores estarían permanentemente a la vista de todos. ¿Cómo iba a pintar mejor que los pintores?, sencillo, tenía que practicar hasta mejorar su técnica, él no era buen pintor, pero era un hombre excelente en cada cosa que hacía, puso manos a la obra y aunque nunca había pintado al fresco se dispuso a aprender la técnica, consideraba que estaba a su alcance.

Se dispuso a trabajar, boceteó su primera idea: los Doce Apóstoles y alguna decoración de relleno.

Pero pronto le parecía demasiado simple, el techo no iba a tener la riqueza que se merecía; y obtuvo permiso para un plan más ambicioso.

Lo que entonces concibió fue una pintura enorme de 300 figuras que ilustraban la prehistoria de la Salvación, es decir, el tiempo del hombre en la tierra antes de la llegada de Jesucristo.

"Todo trabajo que enaltece la humanidad tiene dignidad e importancia y debe emprenderse con excelencia esmerada"
Martin Luther King

La pintura al fresco requiere un gran esfuerzo físico. Todos los días, igual que lo haría un albañil, el artista tiene que preparar su mezcla de yeso y arena y aplicarla en la pared con llana y paleta, y luego darse prisa para pintar. Debe acabar la pintura antes de que se seque la mezcla. Y pintar un techo es doblemente difícil, porque todo se hace encima de la cabeza. Levantar y sujetar los enormes cartones de sus figuras mientras trazaba las líneas maestras del boceto en el techo, debieron ser agotadores.

A veinte metros de altura, sobre tablas movedizas de los andamios, Miguel Ángel pintaba, mirando siempre hacia arriba. Se frotaba el cuello por el dolor que le daba.

En una carta a un amigo dibujó una pequeña caricatura de sí mismo mientras pintaba. Tiene la cabeza echada hacia atrás lo más que puede. Dice su biógrafo que después de la gran obra, su vista fue seriamente alterada durante meses.

A diario se forzó al límite. Prácticamente hacía su vida casi toda en la capilla, comía cebollas y pan duro. "No tengo amigos y no quiero tenerlos ahora", escribió a su padre.

Miguel Ángel culminó su obra y lo hizo como él acostumbraba a hacer cada cosa, con EXCELENCIA. En su inauguración la capilla se llenó de gente y se corrió la voz de que las pinturas eran la cosa más asombrosa jamás vista.

Las figuras mostraron un nuevo tipo de belleza y poder. Cada uno de ellos era toda una obra maestra en su concepción y color. La visión de Miguel Ángel fue abrumadora. Un escultor excelente ahora era un pintor excelente.

La pintura de mural tiene cientos de años, y el asombro hoy todavía perdura, cada turista que ingresa a la capilla, lo primero que hace es asombrarse al mirar el techo. LA BELLEZA ES EL PRODUCTO TERMINADO DE LA EXCELENCIA.

La Palabra de Dios dice en Colosenses 3:23

"Cuando hagan cualquier trabajo, háganlo de todo corazón, como si estuvieran trabajando para el Señor y no para los seres humanos"

Eso es excelencia, hacer las cosas como para el Señor, la gente que se esmera por cumplir las expectativas de Dios, y sobrepasar las expectativas propias y ajenas siempre sobresale en todo lo que hace. En una oportunidad una mujer se acercó a toda prisa al violinista Fritz Kreisler después de un concierto y le dijo efusivamente:

– "Oh, ¡yo daría la vida por tocar como usted!"

Él le contestó serenamente:

– "Eso es exactamente lo que hice yo."

Dios quiere que al igual que Fritz y Miguel Ángel nosotros también dejemos la vida en lo que hacemos, Dios premia el esfuerzo con grandes remuneraciones. El deportista que busca la excelencia siempre será mejor remunerado que el resto, las grandes empresas y los grandes equipos deportivos, siempre buscaran a los más excelentes.

La excelencia se consigue con la preparación, el esmero y la práctica, como dice el dicho "La Practica hace al Maestro". Todas las historias de éxito, superación, las grandes conquistas de la humanidad son logradas por gente excelente. La mediocridad solo es eso, mediocridad, no ser tan malos como los malos ni tan buenos como los mejores.

Debemos esmerarnos en hacer cada cosa que hagamos con tal excelencia como si fuese un regalo al creador, esa gente que prepara las visitas diplomáticas de jefes de estado, lo hace así y eso que es para los hombres ¿te imaginas lo que es hacer las cosas COMO PARA EL REY DEL UNIVERSO? Imagínate la pulcritud, el esfuerzo, la exactitud y la pasión con que hiciéramos las cosas.

Detrás de cada obra maravillosa siempre está el sudor de alguien, que busco hacer un trabajo común de una forma excelente y extraordinaria.

Recuerda: LA EXCELENCIA TE PONDRÁ SIEMPRE ENCIMA DEL COMÚN. LA PERSONA QUE HACE SU TRABAJO CON EXCELENCIA JAMAS RECIBIRÁ LA MISMA REMUNERACIÓN QUE EL RESTO DE SUS SEMEJANTES.

Proverbios 22:29

"¿HAS VISTO A ALGUIEN REALMENTE HÁBIL EN SU TRABAJO? SERVIRÁ A LOS REYES EN LUGAR DE TRABAJAR PARA LA GENTE COMÚN"

Principio 15

Saber Esperar

"La dicha de la vida consiste en tener siempre
algo que hacer, alguien a quien amar y alguna
cosa que esperar"
Thomas Chalmers

Este principio es donde la mayoría se quiebra,
pero es tan importante como todos los anteriores. La
vida responde a ciclos, la vida trasciende en tempo-
radas, un bebe en el vientre de su madre primero pasa
por varios procesos y transformaciones, y cada etapa
el feto la disfruta al máximo, eso está demostrado
científicamente.

En el libro de Eclesiastés el capítulo 3:1,2-11 dice:
"TODO TIENE SU TIEMPO, Y TODO LO QUE SE
QUIERE DEBAJO DEL CIELO TIENE SU HORA: 2 Tiempo
de nacer y tiempo de morir, tiempo de plantar y
tiempo de arrancar lo plantado. 11 TODO LO HIZO
HERMOSO EN SU TIEMPO, y ha puesto eternidad
en el corazón del hombre, sin que este alcance a

comprender la obra hecha por Dios desde el principio hasta el fin".

Todo tiene su tiempo, la naturaleza hay que respetarla, cuando se inicia un proyecto de vida, un plan o una visión personal lo primero que una persona madura debe entender, es que TIENE QUE ESPERAR.

La vida del efecto microondas o las dietas de 7 kilos a la semana no sirven de nada, si tuviste 15 años alimentándote mal ¿Por qué quieres bajar de peso en 15 días? cada cosa que emprendas pasa por este principio.

La gratificación diferida impide que busques los atajos. Dice el dicho que "todos los caminos conducen a Roma", podría ser cierto, pero ¿cómo quieres llegar? Depende del camino que tú elijas.

Una mente tranquila, confiada y en Dios, te brinda paz, pero lograrlo toma tiempo de aprendizaje de las sagradas escrituras, un atajo para un momento de paz usando drogas o alcohol para olvidar tus penas, puede ser que te dé un alivio momentáneo, pero a la final te lleva a un desastre como persona.

Cada vez que empieces algo que de verdad vale la pena, debes de entender que tu proceso va a durar hasta que te conviertas mental y emocionalmente en lo que quieres convertirte.

Por ejemplo, si tu sueño es ser empresario, primero debes desarrollar la mentalidad de un empresario, la forma de administrarse, la perspicacia de saber invertir el dinero, el cuidado de las cosas, el discernimiento, el trato a las otras personas, absolutamente todo lo que implica ser un buen empresario, y eso toma su tiempo de aprendizaje.

El mismo principio aplica para convertirte en buen profesional, artista o lo que sea que hayas decidido lograr como proyecto de vida.

Un árbol frondoso, majestuoso y fructífero, primero fue una semilla que alguien sembró, no siempre fue un árbol, sería tonto de parte nuestra obviar los procesos de las cosas, de la vida.

El saber esperar nos evita el malgenio, el estrés, los tics nerviosos, la gastritis, por eso es bendición para nuestra salud y nos evita problemas.

La prosperidad es una bendición producto de hacer las cosas bien, y las cosas nos salen bien cuando estamos calmados, y la calma llega a nosotros cuando sabemos esperar.

La vida acelerada tiene más posibilidades de fracaso, Dios hizo la creación en 6 días y Él era Dios, yo creo que la pudo haber hecho en un día o una hora si hubiese querido, pero se tomó su tiempo con el único propósito de enseñarnos a nosotros a hacer lo mismo.

"La verdadera actitud del hombre sabio es
la espera"
Francisco Auchel

Mi Papá decía "De la carrera lo único que consigues es el cansancio" creo que es verdad, una cosa es ser negligente, otra arrancar las cosas alocadamente por el simple hecho de hacerlas rápido y otra arrancar a hacerlas bien con el conocimiento previo de que debemos esperar el tiempo de consecución.

La crisis de ansiedad antes de ser ansiedad primero fue el mal hábito de llevar una vida acelerada y preocupada sin razón, cuando vives así te enfermas porque tu cuerpo no está diseñado para una vida de estrés prolongado. Nuestra sociedad sufre de ese mal, tienen en la cabeza la idea de que algo o alguien los está persiguiendo, ¿de qué te sirve terminar tus proyectos si no vas a tener la salud y la paz mental para disfrutarlos?

No es lo mismo terminar y disfrutar, que terminar e ir al médico, o tomar pastillas para dormir porque desarrollaste un insomnio porque tu cuerpo se acostumbró a no dormir lo suficiente por las noches.

La vida trasciende en ciclos, internaliza esta idea. Todo esfuerzo que un día haces, no necesariamente tienes que cosechar los resultados a la mañana siguiente. Una semilla de manzana primero germina, luego sale el tallo y pasa por su proceso hasta llegar a ser un gran manzano, por mucho que te afanes te aseguro que si la siembras hoy no vas a comer manzanas la semana que viene, no de ese árbol.

Una de las cosas que más nos cuesta es saber esperar, tú encuentras una mamá embarazada y ya todos sabemos que son nueve meses, pero en el fondo la mujer quisiera que se convirtieran en 3, pero hay cosas que no las podemos cambiar y tenemos que esperar.

Dios tiene un período de gestación para cada cosa que va a hacer contigo y para cada cosa que te va a dar, sus planes son eternos, Él no está apurado contigo, no necesita correr cuando sabe que apenas estás gateando.

La belleza de la vida se hace real cuando respetamos los tiempos de la naturaleza, mientras esperas algo, hay un proceso de fe y crecimiento personal que se gesta dentro de ti, agradécele a Dios como si ya hubieses conseguido o terminado aquello por lo que estas luchando, mantén en tu boca mente y corazón palabras, pensamientos y carácter de fe.

"El peso de la ansiedad es mayor que el del mal que la provoca."
Robinson Crusoe

El afán no es para el hijo de Dios, el hijo de Dios espera en su padre eterno. Porque cuando espera en él se renueva cada día y disfruta la espera, dice en el libro de Isaías 40:30-31:

"30 Aun los muchachos se fatigan y se cansan; los jóvenes tropiezan y caen. 31 PERO LOS QUE ESPERAN EN EL SEÑOR RENOVARÁN SUS FUERZAS; levantarán las alas como águilas. Correrán y no se cansarán; caminarán y no se fatigarán"

No es lo mismo esperar por el simple hecho de esperar que esperar confiando en Dios. Cuando esperas confiando en Dios no te cansas, te llenas de energía, de pasión, de fe, de ganas, de fuerza de voluntad y carácter.

Esta forma de vida solo se logra con la ayuda del Espíritu Santo de Dios, debes hablar a diario con tu creador y aprender a descansar en Él.

Recuerda: SIEMPRE TEN PRESENTE QUE LAS COSAS RESPONDEN A UN TIEMPO, SI YA TU TE DISTE TODO TU TIEMPO HACIENDO TODO LO QUE PODÍAS, DATE TIEMPO EN ESPERAR EL TIEMPO DE DIOS Y DE ELLAS.

Principio 16

Familia Y Fidelidad

"¿Qué puedes hacer para promover la paz mundial? Ve a casa y ama a tu familia"
María Teresa de Calcuta

Todo hombre y mujer que de verdad desean ser exitosos, en el primer lugar en donde deben serlo es en su núcleo familiar. De nada te sirve ser luz en la calle y oscuridad en la casa, el hombre de éxito es el que tiene la admiración y el respeto de sus hijos y esposa, porque se lo ha sabido ganar y no porque se los exige, y la mujer de éxito es la que sabe ganarse el amor y el corazón de su esposo en cada detalle cotidiano.

Los hijos son el legado que Dios permite dentro de la familia, ellos reproducirán el amor, respeto, cordialidad y todos los valores tanto positivos o negativos que hayan recibido de sus padres, por eso los verdaderos superhéroes del hogar no son Batman ni Superman, sino Papá y Mamá, lo que ellos hagan eso será reproducido en un futuro.

Cuando el hombre es exitoso desde el seno familiar, como padre, líder, amante, proveedor y protector es donde la vida se empieza a disfrutar de verdad, no es lo mismo un hombre cargado que llega del trabajo a su casa con ganas de salir corriendo inmediatamente entra por la puerta, que un hombre que ame pasar tiempo en su casa.

Es por esto por lo que la mujer debe hacer de su hogar un reino para su rey, ningún hombre dura mucho en una casa desordenada, DIOS AMA EL ORDEN, el hombre al ser hecho a imagen y semejanza de Dios, también.

Muchas veces el hombre no encuentra refugio ni quietud de pensamientos en su propia casa y es cuando sale a buscarlo al exterior y muchas veces lo consigue, con esto no doy excusas para las infidelidades, Dios está totalmente en contra de eso, el hombre y la mujer se casan para siempre, pero debes tener en cuenta que, cuando no valoras a tu pareja, ni procuras hacerle sentir bien e importante, así como un día te gustó a ti a otra persona también le puede gustar, y como mujer de hogar debes ser lo suficientemente astuta para darle la importancia y el rol que él se merece como rey y sacerdote de la casa.

"Gobierna tu casa y sabrás cuánto cuesta la leña y el arroz; cría a tus hijos, y sabrás cuánto debes a tus padres"
Proverbio Oriental

Nada es más importante para desarrollar ideas de éxito que una mente tranquila, las discusiones, los pleitos, las comparaciones, las burlas, están de más y no hacen nada bueno, la misma Palabra de Dios dice en Proverbios 21:9

"Más vale vivir en un rincón del patio, que dentro de un palacio con una persona peleona"

La frase anterior la dijo el hombre más sabio que ha existido en la historia de la humanidad aparte de nuestro Señor Jesucristo, no es un invento más, denota la gran realidad de que el hombre no está diseñado para vivir con una mujer peleona, así como la mujer tampoco está apta para lo mismo. Una mujer y un hombre sabio e inteligente debe entender y asimilar esto.

La mujer es la bandera del hombre, es su orgullo personal, su más valioso tesoro, como la trata a ella es como en el fondo se trata a sí mismo. Cuando le pone sobrenombres, la rechaza, la maltrata en público, no le gasta un centavo, y es egoísta es porque en el fondo no está contento con él mismo y se venga de sí maltratando a su esposa.

Nada daña más la relación familiar que la usurpación de poderes, y el choque de autoridades, una suegra inmiscuida, un hermano o alguien ajeno opinando sobre asuntos internos de la familia, lo único que logrará será que uno de los miembros principales del hogar se sienta desplazado, y cuando esto ocurre se está a centímetros del barranco, el hombre debe sentirse al mando, en control, para eso es el padre de la familia.

Los suegros pueden gobernarse así mismos, pero si por casualidad les toca vivir bajo el mismo techo con su yerno o yerna, les guste o no en el matrimonio de su hijo o hija, tienen que gobernarse a sí mismos y someterse también. La vida de su hijo o hija después de casado(a) es responsabilidad de ellos mismos, a menos que ocurra algo grave como maltrato familiar y se les pida ayuda, de resto no son válidas las opiniones y un suegro o suegra sabia entiende esto a la perfección.

"Familia es cuando amas a alguien hasta la muerte y harías cualquier cosa por ellos, confías en ellos y cuidas de ellos. Y a cambio, ellos hacen lo mismo. Es el tipo de vínculo que los mantiene unidos"
T Bianco

Cada consejo o palabra que el hombre reciba de su mujer debe ser escuchado, la mujer es ayuda idónea del hombre, lo que ella le diga debe ser tomado en cuenta y respetado a cabalidad, solo un hombre tonto pasa por alto los consejos de la única persona que estará dispuesta a cuidarle cuando no se pueda valer por sí mismo, muchos hombres se han ido a la quiebra, o simplemente han sufrido traiciones por no escuchar a sus esposas.

Después de nuestro Señor Jesucristo las personas más interesadas en esta tierra en tu éxito son tu esposa y tus hijos, escucharlos a ellos es lo más sabio siempre.

Dios debe ser el sacerdote por encima del hombre, el hombre dirigiendo a su familia y la mujer ayudándole en todo, la mujer que se valora a sí misma y está clara en su rol no tiene necesidad de quererse colocar por encima de su marido en autoridad, si lo hace, el hogar empieza a marchar de cabeza porque la mujer no es la cabeza, es su marido quien es escogido para eso, si su marido no es la cabeza entonces ella está usurpando la autoridad.

La mujer sabia entiende que, como en el ajedrez el Rey manda, pero la Reina es la que tiene las funciones y la movilidad para cuidarle.

La mujer fue creada de la costilla del hombre, del lado del corazón, la costilla que protege el corazón. Esto significa que la mujer debe cuidar el vigor del hombre, serle de ánimo y fortaleza, debe alimentar el corazón de su esposo de fe, estima y palabras sabias.

Ni el hombre, ni su esposa deben permitir bajo ningún concepto que se hable de cualquiera de ellos ni que se les falte el respeto, en ausencia de uno de ellos, no hay nada que dañe más un matrimonio, que comentarios hirientes o críticas acerca de uno de los cónyuges en ausencia, y que el que está presente lo permita, él o ella se casó contigo para que tú le defiendas, defendiendo su familia usted debe ser un león.

Cada familia debe tener sus sueños como familia, el hombre y la mujer deben escuchar a sus hijos y plantearse sueños en conjunto, como grupo familiar. Los hijos son importantes e iguales todos, no debe haber favoritismos, y deben ser tratados con respeto, todas las opiniones son importantes.

La familia de éxito es la que tiene a Dios en primer lugar, se rigen por sus valores y no por lo que dicta la sociedad, ellos influencian al mundo, el mundo no los influencia a ellos.

Otro aspecto importante es que la línea de mando debe estar bien definida, papá, mamá, hermano o hermana mayor y así sucesivamente, si esto no es así entonces no hay forma de organizar la casa y la vida familiar se torna difícil.

"El lugar donde nacen los niños y mueren los hombres, donde la libertad y el amor florecen, no es una oficina ni un comercio ni una fábrica. Ahí veo yo la importancia de la familia"
Gilbert Keith Chesterton

El hombre fue creado para gobernar y conquistar, la mujer para ser conquistada y amada, el idilio del noviazgo debe ser continuo. El hombre debe conquistar a su esposa todos los días, ella debe sentirse amada, valorada y apreciada.

Si la comida está exquisita ella debe saberlo, él debe agradecer cada cosa positiva que ella le da. Ella es bella todos los días de su vida, si no la ves bella entonces el del problema eres tú, te ves feo a ti mismo y eres tacaño, debes aprender a invertir porque no existen mujeres feas solo hombres muy tacaños.

A la hora de elogiar o agradecer no hay palabras de más ni de menos, y lo que sientan en un momento dado tienen que decirlo, inclusive en el aspecto sexual, ella quiere que tu sepas que es lo que le gusta y cómo le gusta y tú debes saberlo y necesitas decirle a ella que es lo que a ti te gusta.

"Sácala llévala al cine, cómprale, un ramo de flores, báñate, junto con ella, llévale, la comida a la cama trátala, con mucha ternura, háblale, pero con mucha dulzura, dale, amor, porque ella merece le gusta que la trates así acuérdate en el tiempo que eran novios, la llevabas al coctel, la invitabas a comer la sacabas a bailar, tu única mujer"
Oscar de León Cantante

La comunicación es sumamente importante, si se está enojado por algo, se está hasta el momento de ir a la cama, al abrir los ojos en la mañana lo pasado ya quedó atrás el perdón debe ser la regla y la orden del día.

En el matrimonio uno está para ayudar al otro, y en conjunto complementarse, si tu esposa es buena administrando la economía de la casa, pero no muy buena poniéndole carácter a los hijos, entonces déjala a ella hacer la función que hace bien y has tú la que ella no. Así uno complementa al otro y el hogar se vuelve más eficiente.

El sitio donde se mide tu verdadero éxito no es la cima, ni la iglesia, ni la cuenta de banco, ni la tarima, él éxito se mide es en donde te conocen tal como eres, y si esto es así has un paraíso y vive en él.

"He tomado muchas decisiones en mi vida, algunas han sido muy malas, he quebrado en los negocios varias veces, me he sentido solo y traicionado también. Pero hay dos decisiones de las que nunca me arrepentiré y son las únicas que considero perfectas: la primera haber conocido a Jesucristo y hacerlo mi amigo, y mi socio, la segunda haber conocido a Mary y casarme con ella. Y EN LOS MOMENTOS MAS BAJOS DE MI VIDA, CUANDO HE QUERIDO TIRAR LA TOALLA, ENTRE AMBOS ME HAN LEVANTADO Y ME HAN HECHO SENTIR COMO UN VERDADERO TRIUNFADOR"
Martin Lujan

Recuerda: LA FAMILIA NO SOLO ES LA BASE DE LA SOCIEDAD, SINO QUE ES LA BASE DE TU ÉXITO.

Principio 17

País, Democracia Y Libertad

"Podéis arrancar al hombre de su país, pero
no podéis arrancar el país del corazón
del hombre"
John Dos Pasos

Estés donde estés tuviste que haber nacido
en algún lugar de esta tierra, puede que por las circunstancias o por decisión propia hayas dejado tu país
natal, pero hay una parte de él en ti. Te puedes parar
frente a la bandera de cualquier otro país, y pensar
que estas renunciando a tus verdaderos orígenes,
pero en realidad hay una parte de ti en eso que estás
renunciando.

Uno de los valores y principios que tiene y enseña
las sagradas escrituras es el verdadero nacionalismo,
toda la Biblia es una exaltación al estado de Israel y todo
cuanto compone su territorio, su Dios, sus paisajes, sus
historias, guerras, vicisitudes, todo lo importante que
ha ocurrido a lo largo de toda su historia ¿Por qué?

Porque está escrita por Judíos que tienen una cualidad en común, todos son nacionalistas. Dios ama el nacionalismo, el nacionalismo genuino, el que te hace amar a tu tierra y tratarla con respeto y admiración.

Abraham, David, Gedeón, José, todos los héroes de la Biblia eran nacionalistas.

"No te preguntes qué puede hacer tu país por
ti, pregúntate que puedes hacer tú por tú país"
John Kennedy

Cada país sea rico, pobre, grande o pequeño está donde está a nivel social, económico y cultural porque allí lo tiene su propia gente, un país es un pedazo de tierra administrado bien o mal por sus habitantes.

Un hombre o mujer verdaderamente exitosos aman su país natal, hablan bien de él, de sus compatriotas, se tratan con respeto, si alguna vez has leído los Salmos te darás cuenta como el rey David hablaba de su amada Israel, para David no todo siempre fue color de rosas él vivía de batalla en batalla por amor a su tierra, pero nunca se quejó de ella, él la amaba, amaba su país su origen.

Dice la Biblia en 2da de Samuel 21 que hubo un hambre muy fuerte en Israel por tres años consecutivos, sin embargo, David nunca se quejó ni maldijo a su propia tierra.

Te aclaro algo, en Democracia es normal la critica a los gobernantes, no solo es normal, sino que también es muy necesaria, es la manera como un pueblo en libertad puede dar a conocer su opinión con respecto a la forma como está siendo gobernado.

Pero una cosa es el gobernante y otra muy diferente el país al cual gobierna, cuando nos referimos de mala manera al país como tal, lo estamos maldiciendo. La tierra no es responsable ni de quien la gobierna ni de sus moradores.

Hay países que no logran salir adelante porque sus habitantes se expresan muy mal de su propio país, de sus propios compatriotas, a veces dentro y a veces fuera, métase en la cabeza que lo que siembra en su tierra la tierra se lo va a devolver en su país o en otro, si su país no sirve, pues para usted nunca va a servir, pero no quiere decir que no sirva.

Hay un principio muy aplicado en administración de personal que dice "nunca contrates a alguien que llegue quejándose de su antiguo trabajo, porque tarde o temprano empezará a quejarse del trabajo y la empresa donde lo estás contratando" lo mismo aplica aquí, la mala actitud y la queja es como una enfermedad, solo se quita de forma momentánea, a menos que haya un cambio en el corazón.

Debemos aprender a hablar de la forma correcta, ser buenos ciudadanos responsables, y valorar todo lo que tenemos, al igual que el rey David opinaba de su amada Israel debemos hacerlo nosotros. Lo tuyo es lo mejor, tu país es el mejor, tus compatriotas son los mejores del mundo.

Dios disfruta cuando amamos la tierra que Él nos dio, independientemente si dentro de sus planes está el quedarnos en ella o no.

Pero no se puede ir por el mundo hablando cosas sin sentido, lo primero que vas a encontrar en un país primer mundista es AMOR Y RESPETO DE SUS CIUDADANOS HACIA SU PROPIO PAÍS, Y CONSIDERACIÓN MUTUA COMO HERMANOS

Cuando vemos a Japón, vemos sus rascacielos, su economía, sus autos, sus fábricas y todas las cosas lindas que han sabido ganarse, y decimos ohhh que grande Japón, pero Japón es un país que ha sufrido problemas como tsunamis, guerras, bombas atómicas, y sus moradores han labrado su progreso basados en un profundo amor a su tierra, a pesar de los terremotos y tsunamis ellos aman donde están y valoran lo que tienen, esa pequeña isla para ellos es la tierra que Dios les dio, pase lo que pase no quieren irse de allí, Japón es su hogar, su casa.

El amor a nuestra tierra hace que seamos responsables de exigirles a nuestros gobernantes el cumplimiento de sus deberes, a través de las leyes que toda democracia debe tener y que son para resguardar el bienestar del pueblo.

Cuando el gobernante utiliza y manipula la ley para perpetuarse en el poder, el pueblo debe manifestarse en contra y obligarlo a cambiar o estar dispuesto a cambiarlo a él mismo si es necesario con todo el peso de la constitución y las leyes.

Aspectos como la libertad de expresión, los derechos humanos, la constitución y la libre empresa, deben ser protegidos porque son los que van a garantizar tu desarrollo como ser humano dentro de la sociedad, en un país libre puedes soñar y te será mucho más fácil conseguir lo que quieres. Un buen gobierno debe establecer las bases que permitan mejorar y mantener la calidad de vida de sus ciudadanos y crear condiciones para que todos alcancen su máximo potencial.

"Ninguna nación fue arruinada jamás por el comercio"
Benjamín Franklin

El comunismo, populismo o socialismo son una amenaza a la sociedad, porque parten de la premisa de que el ser humano es igualitario en todos los aspectos de su vida, cosa que es falsa. Dios a cada persona la hace original y diferente, somos iguales desde el punto de vista de que todos merecemos ser tratados con respeto sin tomar en cuenta nuestra raza, condición económica, social o color, pero cada persona es diferente porque tiene un libre albedrío otorgado por el mismo Dios.

La libertad de pensar, decidir, razonar, crear, y trabajar son dones y privilegios que Dios le dio a cada individuo, no eres un autómata, tampoco le debes favores a quien gobierna, para eso pagas tus impuestos.

Cada presidente, primer ministro o persona en autoridad está allí para servirte, para eso cobra un salario, no es un Dios. Con frecuencia se busca endiosar a líderes y lo único que se consigue con eso es hacer un pueblo esclavo de una figura política o una ideología.

Recuerda: TU PAÍS ES EL TUYO, DE ALLÍ VINISTE SEA QUE ESTÉS VIVIENDO EN ÉL O NO, HÓNRARLO, LUCHAR POR ÉL Y HACER DE ÉL UN LUGAR DIGNO DE TRABAJAR Y SOÑAR DEBE SER TU PREMISA. CADA VEZ QUE PUEDAS PIENSA, DIOS TE PERMITIÓ NACER EN ÉL PORQUE TU SIENDO GRANDE LO PUEDES HACER GRANDE A ÉL. TU PAÍS ES TAN GRANDE COMO PIENSEN TU Y TUS COTERRANEOS

Principio 18

El Descanso

"El arte del descanso es una parte del arte
de trabajar"
John Steinbeck

La vida se vive en etapas, el descanso es una de esas etapas. El creador del universo descansó al séptimo día, no porque estuviese cansado, sí porque necesitaba darnos el ejemplo.

Toda la creación descansa de sus labores cotidianas, los osos hibernan, los leones luego de cazar también lo hacen, todos los animales se desconectan de sus labores por un tiempo, y lo hacen para volver con más energía.

Es un principio bíblico del éxito, el descanso, una vida que no valora esto es una vida fatigada, estresada y sin energía. Todo hombre o mujer exitosa le da tanta importancia al trabajo como al descanso, de nada te sirve todo el dinero y la fama del mundo si no tienes vitalidad o energía porque siempre estas agotado.

Dice en el Salmo 127:2 hablando del dormir y descansar con gusto

"En vano madrugan ustedes, y se acuestan muy tarde, para comer un pan de fatigas, porque Dios concede el sueño a sus amados"

El dormir bien, el descansar con gusto, es una forma de decirle a Dios que confías en Él, cuando tu descansas en Él entonces Él puede trabajar por ti, eso es tener fe. Por eso dice el Salmista que a sus amados Dios les concede su sueño.

No debemos creer que el descanso solo es dormir, también lo es estar en nuestro hogar, relajarnos y disfrutar de la compañía de nuestra familia, eliminar presiones y disfrutar nuestro tiempo libre, sacar los niños a dar un paseo, hacer actividades recreativas o leer un buen libro como este que tienes en tus manos.

Cuando no podemos lograr el descanso apropiado estamos propensos a sufrir problemas de salud, entre los cuales el más común puede ser el estrés, que afecta a un gran número de personas sin importar la edad y es el causante de graves enfermedades. Estamos diseñados para trabajar, pero respetando el tiempo de descanso.

Has hábitos en tu vida que te llenen de energía, procura acostarte todos los días a la misma hora, mantén tu cuarto con la iluminación y el ambiente adecuados, apaga el celular mientras duermes y comes, no veas malas noticias antes de ir a la cama, valora el tiempo de vacaciones y planifícalas como si fueses a planificar un asunto de vida o muerte.

Winston Churchill, el ex primer ministro del Reino Unido, creía que el descanso era vital para que el cerebro funcionara correctamente, decía que ese era su secreto para dirigir a la nación hacia el éxito.

Las siestas eran tan importantes para él que solía tener una cama en el Parlamento. Además, creía que eso era clave para tener éxito en todos los proyectos que tenía en mente, dormía de 3:00am a 8:00am y luego de 4:30pm a 6:30pm un mínimo de 7 horas al día, era con una exactitud asombrosa y suspendía cualquier tipo de actividad por irse a descansar.

El trabajo no sirve de nada si no descansas de ese trabajo que hiciste, el número siete en la Biblia significa completo, perfecto, terminado ¿Por qué Dios no descansó al tercer día o al quinto? Igual hubiese terminado su creación al día siete, ¿Por qué escogió el séptimo día para el descanso? Porque para Dios descansar es la forma de cerrar con broche de oro cada labor que Él hace, nada está completo si no hay descanso.

Otra razón por la cual necesitamos descansar es porque mientras lo hacemos, nuestra mente está más receptiva a escuchar la voz de Dios para darnos alguna buena idea. Muchas veces lo que no puedes solucionar en horas y horas de trabajo ininterrumpido, se soluciona con una idea de Dios que se nos muestra cuando nuestra mente se encuentra tranquila y receptiva. Dios tiene muchas formas de hablarnos y algunas de ellas es a través de sueños, el salmista David en una oportunidad expresó en el Salmo 16:7

"Adoro al SEÑOR porque Él me guía; incluso en la noche, me orienta y guía mis pasos"

Mientras dormimos Dios puede darnos una idea creativa, muchas de las enseñanzas que escribo en mis libros El Señor me las ha dado de noche, porque es cuando estoy más relajado y tranquilo, soy más sensible a su voz.

Dios trabaja mejor mientras dormimos, cuando fue a hacer a Eva, Él durmió a Adán, pienso que lo hiso porque Adán le hubiese objetado muchas cosas o no lo hubiese dejado trabajar preguntando.

De toda la creación lo más hermoso que Dios hizo fue la mujer y para hacerla mandó a Adán a dormir esto lo dice en Génesis 2:21-22

"21 Entonces Dios El Señor hizo caer al hombre en un sueño profundo y, mientras dormía, le sacó una de las costillas y le cerró otra vez la carne. 22 De esa costilla Dios El Señor hizo una mujer, y se la presentó al hombre"

Al comienzo de la creación cuando el hombre no había pecado no existía el dolor, el dolor entró a la humanidad por el pecado.

La primera operación quirúrgica que se hiso en la humanidad fue la extracción de la costilla de Adán para la creación de la mujer, si no había dolor ¿porque lo anestesió? ¿Te has preguntado alguna vez? La respuesta es muy sencilla, primero Dios quería darle a Adán una sorpresa y segundo imagínate a Adán mientras Dios trabajaba diciendo, oye Dios porque una costilla, o mejor toma otro hueso o quizás, me estás dejando fallo me falta una costilla o cualquier otra cosa, lo cierto es que Dios muchas veces necesita que lo dejes trabajar a Él en paz, si eres como yo, estoy seguro de que preguntas mucho.

Si tú quieres paz de verdad debes dejarlo trabajar a Él en paz y tranquilidad. Tenemos un gran Dios, debemos disfrutar de Él, de su presencia y de su poder.

Descansar en su presencia, es cierto que Dios está en todos lados, pero ¿lo tomamos en cuenta? Solo le pedimos y le pedimos o también le demostramos que valoramos el tiempo que pasamos con Él. Dios ama estar con nosotros, nos anhela celosamente y una manera de descansar es pasar tiempo con Él en oración, o simplemente en silencio.

Déjate anestesiar por Jesús para que Él pueda trabajar tranquilo en tus cosas, no hagas tantas preguntas, observa los resultados de Él obrando a tu favor, si hay algo que no puedes resolver tú, pues deja que Él trabaje por ti, aprende a disfrutar el poder de Dios, si tus fuerzas ya no son suficientes, deja obrar al creador.

Algo anda mal si no lo haces o si no lo disfrutas, cuando estés trabajando trabaja, cuando estés descansando descansa.

"No considero libre a quien no tiene algunas
veces sus ratos de ocio"
Cicerón

Recuerda: SI DIOS QUE NO SE CANSA DESCANSÓ,
¿QUIEN SOMOS NOSOTROS PARA NO SEGUIR
SU EJEMPLO?

Principio 19

Dad De Gracia

Todo lo que tú crees que hasta ahora has logrado, o lo que podrás lograr después. En realidad, te ha sido permitido con el fin de que otros sean bendecidos a través de ti, tu vida es como un río que debe fluir y moverse, sobrepasar las rocas y los obstáculos del camino hasta cubrir todo su cauce, y desembocar en el mar para alimentarse e iniciar otra vez.

Un río en el cual las aguas no se mueven pierde su sentido y termina contaminándose. Esta es la gran diferencia entre un rio y un lago, el rio es agua que corre, su recorrido va a depender del caudal o cantidad de agua que tenga, incluso si tiene mucha agua puede llegar a crear sub-ríos o ríos más pequeños que se alimentan de él.

Así es nuestra vida, lo que sea que tengas debes mantenerlo en movimiento, hasta que tu vida pueda alimentar otras y hacerlas crecer. Cuando no lo haces, cuando todo lo que te preocupa es tener más y más de lo que ya tienes, que puede ser: tiempo, dinero, fama, fortuna, conocimientos, trofeos o lo que sea. Pierdes el sentido original y te empiezas a contaminar por dentro, te estancas, te llenas de orgullo, insatisfacción, envidias, celos, nostalgias y una infinidad de sentimientos autodestructivos.

La mejor forma de crecer es ayudando a crecer a otros, cuando hacemos crecer a otros crecemos nosotros mismos. Si ya tenemos suficiente dinero podemos ayudar enseñando a otros a como tenerlo y prosperar.

La vida retorna lo que das y lo hace con creces, cuando damos amor, Dios se encarga de que lo recibamos de vuelta en mayor grado, no se queda sin nada quien da, se queda sin nada quien se enamora de lo que poco que tiene. La Biblia dice en Hechos 20:35 **"Les he enseñado que deben trabajar y ayudar a los que nada tienen. Recuerden lo que nos dijo el Señor Jesús: "Dios bendice más al que da que al que recibe"**

El dar a los demás también amerita algo de sabiduría, por ejemplo, el que tiene una empresa puede dar de sus ganancias, nunca del dinero que es imprescindible para que su negocio continúe funcionando con normalidad, con el que paga a sus empleados, gastos o mercancía para vender.

Dios da semilla al que siembra, es decir; le da para que continúe produciendo lo suficiente para dar, nunca le quita su semilla, simplemente le dice que comparta su cosecha.

Es necesario que drenemos lo que Dios nos da de forma inteligente, saber quién sí va a valorar de verdad lo que nosotros le queramos aportar, ya sea nuestro tiempo, dinero, esfuerzo, conocimientos o lo que Dios ponga en nuestro corazón.

> "El que da, no debe volver a acordarse; pero el
> que recibe nunca debe olvidar"
> Proverbio Hebreo

Y los primeros que deben recibir de gracia lo que Dios te da son tus hijos y esposa, no es correcto vestir los vecinos cuando nuestros hijos o esposa andan mal vestidos o tienen necesidades, enseñar o darle conocimiento a los ajenos antes que a los nuestros, el amor que tienes es a tu familia y primeramente es tu esposa la que lo tiene que recibir, para ella es la primera siembra de tu vida, ella y tus hijos si estas casado, y si estás soltero es a tu padre y madre.

Dice la Palabra de Dios en 1era de Timoteo 5:8

"Pero si alguien no provee para los suyos, y especialmente para los de su casa, ha negado la fe y es peor que un incrédulo"

Provee a los tuyos primero, pero comparte también con las personas necesitadas que quieran y necesiten de lo que tú les puedes ofrecer. Jesús siempre fue cuidadoso de esto, en Juan Capitulo 5 cuando fue a sanar a un paralitico le preguntó primero antes de sanarle, porque era necesario saber si en verdad el paralitico quería ser sanado, para saber si iba a valorar el milagro de Jesús. Juan 5:6 dice:

"Cuando Jesús lo vio acostado, y supo que llevaba ya mucho tiempo así, le dijo: ¿Quieres ser sano?"

Nuestro esfuerzo debemos sentir que va a ser valorado, no tanto retribuido sino valorado. Debemos ayudar y bendecir a los que quieren bendecirse a sí mismos, para que nuestra siembra produzca frutos y nuestro río siga fluyendo a otras vidas. Si ayudas a una persona que no quiere ayudarse a sí misma, primero vas a perder tu tiempo y segundo otras personas que si quieren tu favor van a dejar de recibirlo.

Podemos ver la linda historia de Henry Crowell el propietario y fundador de Quaker, siendo un niño de 9 años Henry Crowell perdió a su padre quien padecía tuberculosis, eso fue devastador para él. Por eso se llenó de temor al contraer la misma enfermedad a los diecisiete años. Cuando ya parecía que moría lo invitaron a una cruzada del gran evangelista D.L Moody en Cleveland Ohio.

Al escuchar la famosa frase de Moody "El mundo todavía no ha visto lo que Dios puede hacer con un hombre completamente consagrado a Él" Crowell decidió consagrar su vida a Jesús, y esa misma noche pensó "Yo puedo hacer suficiente dinero como para sostener a varios hombres como Moody", cuando esas palabras vinieron a su mente dijo en oración "Señor, si tienes a bien darme sanidad, yo usaré todas mis habilidades para hacer mucho dinero y sostener tu obra"

Algunos meses más tarde Henry comenzó a sentir que Dios escuchó y contestó su oración. Al cabo de un año ya Henry estaba comprando un molino de unos cuaqueros, (Grupo de cristianos protestantes, que eran conocidos por sus dogmas y costumbres tan severas y por su exaltación religiosa) y pensó que ese nombre sería muy lindo para que lo llevara la marca de su empresa.

De allí nació Quaker y hoy es una de las marcas de avena, galletas y cereales más ricas y respetadas del mundo.

En los años posteriores Henry destinó el 60 y 70 por ciento de sus ingresos a sostener la obra del Señor (dio de gracia lo que de gracia él ya había recibido)

El Instituto Bíblico Moody de la ciudad de Chicago nació del dinero que Crowell había sembrado, las primeras imprentas cristianas y las primeras cadenas radiales cristianas del mundo también fueron producto del dinero que Crowell aportaba. Al momento de su muerte fue encontrada una nota en su pantalón que decía "Si mi vida pudiera siempre ser vivida para agradarle, sería plenamente feliz"

Henry nos enseña que, si damos de gracia lo que de gracia hemos recibido, vamos a gozar de la dicha de saber que nuestra vida está siendo un instrumento en las manos de Dios, al permitir que de nuestro caudal se formen otros ríos que también honren a Dios con sus vidas.

RECUERDA, DÁ DE GRACIA LO QUE DE GRACIA HAS RECIBIDO.

Principio 20

Amistad Con Dios

"Un hombre con Dios siempre es la mayoría"
Jhon Knox

En la vida solo te sentirás completo incluyendo a Dios en todos tus planes, una cosa es que digas dentro de ti; pero yo creo en Dios y ¿eso no es suficiente?, pues la respuesta es NO.

Dios va más allá de una simple creencia, Él debe ser un verdadero amigo y socio de la carrera de tu vida.

Cuando nacimos lo hicimos para tener una amistad íntima con Él Creador, en el corazón de cada ser humano hay un espacio que solo se puede llenar teniendo amistad con Dios, quizás digas oye, pero no soy religioso ahora ni quiero serlo después, sabes algo, Jesús tampoco quiere que lo seas.

Si lees la Biblia te darás cuenta de que Jesús tuvo problemas precisamente con todos los religiosos de su época, Él no es religión porque la religión como tal son creencias hechas y ajustadas a conveniencia del propio hombre, Jesús es RELACIÓN Y AMISTAD.

Te lo voy a explicar mejor, cuando tú tienes un amigo tu no crees en Él porque simplemente otro te lo diga, puedes llegar a conocerle a través de alguna otra persona que te lo presente o te dé referencias, pero realmente tendrás una amistad en la medida que lo trates, conozcas y desarrolles una relación.

Con Jesús pasa lo mismo, alguien te puede hablar de Él como yo en este momento, pero sólo vas a valorar realmente de su compañía, si de verdad anhelas que Él sea un amigo íntimo para ti.

A veces el ser humano no encuentra paz, siente un desasosiego interno, no le sirve ni dinero, ni fama, ni nada, y pasa toda su vida intentando cosas.

Pero la única forma de tener verdadera paz y equilibrio espiritual es a través de una amistad con Dios, dice la Biblia en Job 22:21 **"Vuelve ahora en amistad con Dios y tendrás paz"** no es lo mismo creer en Dios que tener una amistad con Él.

El artista y compositor Juan Luis Guerra lo dice de esta manera:

" Yo tenía en mi vida muchos triunfos pero no tenía paz, vivía tomando pastillas para controlar la ansiedad. Me dijeron que la paz la podía encontrar en Cristo. Abrí mi corazón y no solo encontré paz sino vida eterna"

Artistas, Empresarios, Vendedores, Jardineros, Administradores, médicos, ingenieros, Contadores, todos necesitamos una relación personal con el Señor Jesucristo.

"La paz no viene por la ausencia de problemas
sino de la presencia de Dios"
Alexander McLaren

Debemos tomar consciencia que el deseo de Dios es ser sencillamente nuestro amigo "Vosotros sois mis amigos" dice la Biblia en Juan 15:14, saquemos de nuestra mente que Dios es un anciano sentado en un gran trono blanco, que está lejano y es gruñón, no sonríe, es litúrgico y está pendiente de todo lo malo que haces para corregirte, DIOS ES TODO LO CONTRARIO A ESO.

Él te ama con amor eterno, envió a su hijo a morir por ti porque te ama, eso nada tiene que ver tu comportamiento, ÉL SIMPLEMENTE TE AMA COMO ERES, PERO QUIERE AYUDARTE A SER MEJOR CADA DÍA Y QUE TE PAREZCAS A ÉL. Este libro no es una casualidad para ti, Dios te está hablando, necesita estar contigo, conversar contigo y mostrarte el camino que debes seguir.

"El hombre que tiene a Dios por su posesión,
tiene todo lo que es necesario tener"
A.W Tozer

Lo más importante que tengo en mi vida es una RELACIÓN DE AMISTAD CON EL SEÑOR JESUCRISTO, tómalo como una recomendación y a través de una sencilla oración te voy a presentar a mi amigo, lee la siguiente frase y si quieres repítela con sinceridad y de corazón, creyendo que de verdad quieres ser tú también su amigo.

LEE Y REPITE ESTAS PALABRAS.

"Señor Jesús Gracias porque me amas, Te necesito y te invito a mi corazón YO QUIERO SER TU AMIGO, te quiero conocer, quiero estar contigo, coloca en orden mi vida y ayúdame a ser como tú eres, QUIERO QUE ME AYUDES A LOGRAR TODOS MIS SUEÑOS, SI SON TU VOLUNTAD PORQUE SI SON MIS SUEÑOS, ENTONCES SON TUYOS TAMBIEN"

Si hiciste está oración de corazón, Dios va a empezar a mostrarse a tu vida como tu verdadero amigo, para terminar, te dejo está promesa Bíblica que está en el Salmo 25:13

"Quien ame a Dios vivirá feliz, y sus hijos heredarán la tierra"

"No son los grandes hombres que transforman
el mundo, sino los débiles y pequeños en las
manos de un Dios grande"
James Hudson Taylor

Recuerda: TIENES UN ESPACIO TAN GRANDE EN TU CORAZÓN QUE SOLO JESÚS LO PUEDE LLENAR, LLÉNALO LO MÁS PRONTO POSIBLE. MIENTRAS MAS RAPIDO LO HAGAS MAS PRONTO DISFRUTARÁS DE SUS BENDICIONES.

Mensaje Del Autor

Si este libro ha sido de bendición a tu vida, valóralo, recomiéndalo y házmelo saber. Ese es el privilegio más grande que tendría como escritor, es mi meta y mi fin que Dios pueda usarme para hablar a tu vida.

Dios te Bendiga Mucho.

CPSIA information can be obtained
at www.ICGtesting.com
Printed in the USA
LVHW081519140820
663219LV00014B/182